edition suhrkamp 2541

Arjun Appadurai ist einer der renommiertesten Anthropologen der Gegenwart. Mit *Die Geographie des Zorns* liegt nun eines seiner wichtigsten Werke erstmals auf deutsch vor. Appadurai beschäftigt sich mit den Paradoxien der Globalisierung: Während die Jahre nach dem Fall der Berliner Mauer einerseits eine Zeit der Demokratisierung und der weltweiten Angleichung von Institutionen waren, erlebten wir beispiellose Exzesse der Gewalt: den Völkermord in Ruanda, die Bürgerkriege auf dem Balkan, die Anschläge des 11. September. Angesichts der drohenden kulturellen Homogenisierung erwacht ein »Narzißmus der Minderheiten«; wir leben – so Appadurai – in einer »Kultur des Kampfes«.

Arjun Appadurai, geboren 1949 in Bombay, lehrt Sozialwissenschaften an der New School in New York. Er arbeitet als Berater für die UNESCO und gibt die Zeitschrift *Public Culture* heraus.

Arjun Appadurai

Die Geographie des Zorns

Aus dem Englischen von
Bettina Engels

Suhrkamp

Die Originalausgabe erschien unter dem Titel *Fear of Small Numbers. An Essay on the Geography of Anger* 2006 bei Duke University Press.

edition suhrkamp 2541
Erste Auflage 2009

Deutsche Erstausgabe

Satz: TypoForum GmbH, Seelbach
Druck: Druckhaus Nomos, Sinzheim
Umschlag gestaltet nach einem Konzept
von Willy Fleckhaus: Rolf Staudt
Printed in Germany
ISBN 978-3-518-12541-0

1 2 3 4 5 6 – 14 13 12 11 10 09

Inhalt

Vorwort

Dieser lange Essay ist der zweite Teil eines 1989 begonnenen Projekts. In der ersten Projektphase ging es mir darum, die kulturelle Dynamik der Globalisierung, die damals gerade erst begann, zu untersuchen. Aus diesen Studien ging das Buch *Modernity at Large: Cultural Dimensions of Globalization* hervor (1996). Darin brachte ich einige analytische und ethische Zweifel im Hinblick auf die Zukunft des Nationalstaates vor; ich wollte herausfinden, inwiefern Migration und globale Medien die Ressourcen der Einbildungskraft als sozialer Praxis verändert haben. Ich habe in *Modernity at Large* allerdings nicht nur einige Muster beschrieben, nach denen sich Kultur, Medien und temporäre Diasporagemeinschaften in einer Welt der Entkopplungen wechselseitig strukturieren, sondern auch die These vorgebracht, daß es angesichts der Globalisierung schwieriger ist als jemals zuvor, erlebte lokale Gemeinschaften zu begründen und aufrechtzuerhalten.

Sowohl innerhalb der Anthropologie als auch jenseits der Fachgrenzen löste *Modernity at Large* heftige Debatten aus. Einige Kritiker waren der Ansicht, das Buch zeichne ein zu rosiges Bild der Globalisierung der frühen neunziger Jahre und vernachlässige ihre Schattenseiten wie Gewalt, Exklusion und die wachsende Ungleichheit. Aufgrund dieser Kritiken, aber auch meinen eigenen längerfristigen Interessen folgend, begann ich, die kollektive Gewalt gegen Muslime in meiner Heimatstadt (Bombay, heute Mumbai genannt) zu erforschen, wo es im Januar 1992 und noch einmal im Jahr 1993 zu schweren Ausschreitungen zwischen Hindus und Muslimen gekommen war. Diese Ausbrüche der Gewalt waren Teil einer landesweiten Welle von Übergriffen auf die muslimische Bevölkerung, auf ihre Häuser und Heiligtümer, die unmittelbar vor der Zerstörung der Babri-Masjid-Moschee in Ayodhya im Dezember 1992 ganz Indien überschwemmte. Meine Beschäftigung mit diesen Konflikten im Mumbai der neunziger Jahre war Teil eines umfassenderen komparativen Projektes zu kulturell motivierten ethnischen Säuberungen und Völkermorden nach 1989, insbesondere in Ruanda und im ehemaligen Jugoslawien, aber auch in Indien und in anderen Teilen der Welt. Die Ergebnisse dieser zwischen 1995 und 2005 durchgeführten Untersuchungen sind zum Teil im vorliegenden Buch dokumentiert, zum Teil wurden sie in den vergangenen Jahren bereits in Artikeln publiziert, auf die ich mich hier ebenfalls beziehe.

Im Rahmen dieser intensiven Beschäftigung mit einigen der schlimmsten Folgen der Globalisierung – und genau um diese Zusammenhänge geht es in diesem Buch – stieß ich mehr oder weniger zufällig auf ein vollkommen neues Phänomen, ein Phänomen, das uns Hoffnung gibt. Während ich in Mumbai, dieser traditionell überaus liberalen und kosmopolitischen Stadt, die Gewalt gegen Muslime untersuchte, machte mich mein Freund Sundar Burra mit einer bemerkenswerten Aktivistengruppe bekannt, der er selbst angehört. Sie gewährte mir Einblick in ihre Arbeit unter den Ärmsten der Armen und erschloß mir ein 1996 noch wenig beachtetes Phänomen: das Phänomen der sogenannten »Graswurzelglobalisierung«, der Globalisierung von unten, der weltweiten Versuche von Aktivisten, Nichtregierungsorganisationen und sozialen Bewegungen, Themen wie Menschenrechte, die Diskriminierung von Frauen, Armut, Umweltverschmutzung und Krankheiten auf die globale Agenda zu setzen. Diese beeindruckenden Begegnungen haben mich damals veranlaßt, ein zweites Forschungsprojekt zum Phänomen der Graswurzelglobalisierung in Angriff zu nehmen, dessen vorläufige Ergebnisse ich auf den letzten Seiten des vorliegenden Essays skizziere. Die vollständige Geschichte der Aktivisten, die für bessere Lebensbedingungen in den Elendsvierteln von Mumbai kämpfen, und die Implikationen, die solche Formen des Engagements für eine Politik der Hoffnung haben, sind Gegenstand einer Studie (mit dem Arbeitstitel *The Capacity to Aspire*, dt. etwa: *Die Fähigkeit, nach Höherem zu streben*), die in Kürze abgeschlossen sein wird.

Insofern stellt *Die Geographie des Zorns* eine Art Übergang innerhalb eines langfristigen – intellektuellen und persönlichen – Projekts dar, das der Frage nachgeht, wie die Globalisierung auch für jene funktionieren könnte, die sie am meisten brauchen und die bislang am wenigsten von ihr profitieren: die Armen, die Besitzlosen, die Schwachen und andere Gruppen, die in der Gegenwart marginalisiert werden. Es stellt einen Übergang dar, weil jedes Reden von Hoffnung müßig bleibt, solange es unter dem Einfluß jener Brutalität geschieht, die selbst eine Folge der Globalisierung ist. Und bevor wir nicht verstehen, auf welche Weise die Globalisierung neue Formen des Hasses, des Ethnozids und des Ideozids hervorbringt, werden wir auch nicht wissen, wo wir Hoffnung für die Globalisierung schöpfen und wie wir die Hoffnung globalisieren können. Ich ersuche den Leser also, mich während dieser Phase eines Projekts zu begleiten, das noch lange nicht abgeschlossen ist.

Wie immer stehe ich in der Schuld vieler Kollegen und Freunde. Zehn Jahre sind eine lange Zeit, und im Laufe dieser Zeit habe ich über die Grenzen von Ländern und Kontinenten hinweg viel Großzügigkeit erfahren. Alle Personen aufzuzählen, die zur Konzeption der Kapitel dieses Buches beigetragen haben, würde den Beitrag einzelner als belanglos erscheinen lassen. Unfairerweise werde ich also nur einige wenige herausgreifen, die mir im Laufe des (allzu langsamen) Fortgangs meiner Arbeit auf unterschiedliche Weise geholfen haben. In alphabetischer Reihenfolge möchte ich dabei folgenden Personen danken: Jockin Arputham, Brian Axel, Sundar Burra, Dipesh Chakrabarty, Jean Comaroff, John Comaroff, Neera Chandoke, Veena Das, Celine D'Cruz, Faisal Devji, Dilip Gaonkar, Peter Geschiere, Rashid Khalidi, David Laitin, Benjamin Lee, Claudio Lomnitz, Achille Mbembe, Uday Mehta, Sheela Patel, Vyjayanthi Rao, Kumkum Sangaree, Charles Taylor, Peter van der Veer und Ken Wissoker. Zwei anonyme Kollegen, die das Manuskript für Duke University Press gelesen haben, stellten unbeirrbar Fragen, die das Ergebnis nachhaltig beeinflußten.

Ich bin folgenden Institutionen zu Dank verpflichtet, die die Arbeit unterstützt haben: Das Open Society Institute in New York ermöglichte es mir durch ein Stipendium, mich in den Jahren 1997-1998 ganz meinem Thema zu widmen. Die Universität von Chicago bewilligte Forschungssemester und ließ mich in den Genuß anderer Formen der Unterstützung kommen, um dieses Buch fertigstellen zu können. Meine Lehrtätigkeit an den Universitäten von Yale und Chicago brachte mich in Kontakt mit Studenten, deren Nachfragen mir Gelegenheit gaben, meine Argumente weiter zu präzisieren. Der Fachbereich Politische Wissenschaften an der Universität von Delhi berief mich im Februar 2002 zum Gastprofessor. Aus den dort gehaltenen Teen-Murti-Vorlesungen sind das zweite, fünfte und sechste Kapitel hervorgegangen. Die New School führte mir kürzlich wieder einmal den Wert von Meinungsverschiedenheiten und Auseinandersetzungen für die globale demokratische Praxis vor Augen. All diesen Institutionen bin ich zu Dank verpflichtet.

In meinem näheren Umfeld schulde ich weiteren Menschen Dank. Ajay Gandhi und Nikhil Anand von der Yale University haben den gesamten Text aufmerksam gelesen und mit Bedacht kritisiert. Zack Fine und Leilah Vevaina von der

New School hatten mit einem sich unablässig verändernden Manuskript zu kämpfen und haben es schließlich in die vorliegende Form gebracht. Nicht zuletzt möchte ich meiner Frau, Carol A. Breckenridge, danken, die über dieses Buch wachte. Ohne ihre Ermutigung und ihren Zuspruch hätten weder sein Geist noch seine Substanz das Licht der Welt erblickt.

Bethany, Connecticut, August 2005

1. Vom Ethnozid zum Ideozid

In der vorliegenden Untersuchung geht es um kulturell motivierte Ausbrüche massenhafter bzw. großdimensionaler Gewalt in der jüngsten Vergangenheit. Die einzelnen Kapitel, deren Argumentationsgang ich hier kurz skizzieren möchte, sind in den Jahren 1998 bis 2004 entstanden. Ihre Hauptargumente wurden also unter dem Eindruck zweier Grundformen der Gewalt entwickelt. Der eine Typus, der Anfang der neunziger Jahre im ehemaligen Jugoslawien, im Kaukasus, in Ruanda und Indien zu beobachten war, zeigte, daß die Welt nach 1989 nicht *per se* fortschrittlich sein würde und daß die Globalisierung pathologische Elemente im Kern der heiligen Ideologie der Nation und der nationalen Identität offenlegen könnte. Das Auftreten des zweiten Typus, offiziell unter der Rubrik »Krieg gegen den Terror« klassifiziert, läßt sich durch die apokalyptischen Anschläge markieren, die am 11. September 2001 auf das World Trade Center und das Pentagon verübt wurden. Wie eine Klammer umschließen diese Ereignisse die neunziger Jahre als ein Jahrzehnt der extremen Gewalt, eine Zeit, die in vielen Gesellschaften gekennzeichnet war durch die stete Zunahme von Bürgerkriegen und urbaner Gewalt als Teil des alltäglichen Lebens. Heute leben wir in einer Welt, deren verschiedene nationale und regionale Kontexte durch Staaten und Medien unterschiedlich strukturiert werden, in der Furcht oft als Ursache und Grundlage leidenschaftlicher Ausbrüche kollektiver Gewalt erscheint – wobei das Spektrum hier von spontanen Ausschreitungen zu systematischen Pogromen reicht.

In den vierziger Jahren gelangten Wissenschaftler zu der lange maßgeblichen Überzeugung, daß extreme Formen kollektiver Gewalt, insbesondere solche, bei denen Massentötungen auf unterschiedliche Weisen mit der systematischen Herabsetzung des menschlichen Körpers und der Würde des Menschen einhergingen, eine direkte Folge des Totalitarismus, insbesondere des Faschismus, seien. Als typische Beispiele hatte man damals Maos China, Stalins Sowjetunion und kleinere totalitäre Regime vor Augen. Leider wurde in den neunziger Jahren unmißverständlich deutlich, daß auch liberaldemokratische Gesellschaften sowie Staaten mit Mischverfassungen empfänglich sind für den Einfluß majoritärer Kräfte und kulturell motivierte kollektive Gewaltakte.

Wir müssen uns also fragen, warum die neunziger Jahre, jene Epoche, die wir heute als »Hochglobalisierung« bezeichnen können, in einer ganzen Reihe von Gesellschaften und Staaten zugleich eine Epoche der Massengewalt war. Wenn ich (in Anlehnung an den Begriff der Hochmoderne) hier von »Hochglobalisierung« spreche, dann möchte ich auf einige Utopien, Hoffnungen und Projekte hinweisen, die in vielen Ländern, Staaten und Öffentlichkeiten nach dem Ende des Kalten Krieges Konjunktur hatten. Diese Utopien wurden von einem Bündel ineinandergreifender Dogmen auf den Begriff gebracht, Lehren über offene Märkte und freien Handel, über die Verbreitung demokratischer Institutionen und die weitreichenden Möglichkeiten, die das Internet (und verwandte Technologien) angeblich bieten, um Ungleichheit – in Gesellschaften wie auch zwischen Gesellschaften – zu verringern und noch in den ärmsten und isoliertesten Ländern mehr Raum für Freiheit, Transparenz und verantwortungsbewußte Regierungsführung zu schaffen. Heute glauben nur noch ein Paar fundamentalistische Befürworter ungebremster ökonomischer Globalisierung daran, daß der Dominoeffekt des freien Handels und die stark miteinander verflochtenen nationalen Märkte und Kapitalströme ausschließlich positive Wirkungen zeitigen.

In diesem Buch versuche also auch ich herauszufinden, warum ein Jahrzehnt, das weltweit von der Förderung offener Märkte, der freien Zirkulation des Finanzkapitals und den liberalen Ideen konstitutioneller Herrschaft, verantwortungsbewußten Regierens und der aktiven Ausweitung der Menschenrechte geprägt war, extreme Formen politischer Gewalt gegen Teile der Zivilbevölkerung (um eine weite und damit faire Definition des Terrorismus als Taktik zu geben) und ethnische Säuberungen in einer Vielzahl von Regionen hervorgebracht hat. Im Laufe meiner Ausführungen werde ich hin und wieder auf bekannte Erklärungsversuche eingehen. Hier aber möchte ich lediglich die Grundzüge einer alternativen Antwort skizzieren, einer Antwort, die vor allem die kulturelle Dimension der Globalisierung berücksichtigt. Einige Kollegen und Rezensenten warfen mir nach dem Erscheinen von *Modernity at Large* (1996), wo ich die beginnende Globalisierung beschrieb, vor, ich sei allzu streng mit dem modernen Nationalstaat ins Gericht gegangen und mein Optimismus im Hinblick auf die positiven Auswirkungen der globalen Austauschprozesse sei übertrieben. Im vorliegenden Aufsatz möchte ich mich nun ausdrücklich mit den Schattenseiten der Globalisierung befassen.

Zum besseren Verständnis des Zusammenhangs zwischen Globalisierung, ethnischen Säuberungen und dem Krieg gegen den Terror schlage ich eine Reihe von aufeinander bezogenen Ideen vor. Zunächst einmal muß man sich klarmachen, daß hinter dem modernen Nationalstaat eine fundamentale und gefährliche Idee steckt: die des »nationalen Ethnos«. Keine moderne Nation, so freundlich bzw. gutmütig ihre Regierung auch sein mag und so beredt ihre Repräsentanten in der Öffentlichkeit die Werte von Toleranz, Multikulturalismus und Inklusion auch beschwören mögen, kommt ohne die Vorstellung aus, ihre nationale Souveränität gründe sich auf eine

Art ethnischen Geist. Jüngst konnten wir beobachten, wie diese Sichtweise mit schockierend höflicher Miene von Samuel Huntington (2004) vorgebracht wurde. Er schlug öffentlich Alarm, weil die US-Bevölkerung lateinamerikanischen Ursprungs seines Erachtens vom *American way of life*, verstanden als spezifische, europäisch und protestantisch geprägte Lebensweise, abzufallen droht. Soviel also zu der These, ethno-nationalistische Vorstellungen seien ausschließlich in finsteren baltischen Staaten, unter verrückten afrikanischen Demagogen oder bei Nazi-Extremisten in England und Nordeuropa anzutreffen.

Die Idee eines einzigartigen nationalen Ethnos, das keineswegs »natürlich« auf dieser oder jener Scholle wächst, sondern vielmehr mit großem Aufwand, d.h. durch Rhetoriken des Krieges und des Opfers, durch repressive, auf Uniformität ausgerichtete Maßnahmen der Bildungs- und Sprachpolitik sowie durch die Unterdrückung unzähliger lokaler und regionaler Traditionen konstruiert und naturalisiert wurde, um Inder, Franzosen, Briten oder Indonesier zu schaffen, ist alles andere als neu (Anderson 1988; Balibar 1990; Scott 1998; Weber 1976). Außerdem haben bereits eine Reihe bedeutender politischer Theoretiker, insbesondere Hannah Arendt, darauf hingewiesen, daß die Idee der nationalen Volksgemeinschaft die Achillesferse moderner liberaler Gesellschaften darstellt. Wenn ich in diesem Buch die These vorbringe, nach der ein relativ direkter Weg von der Ideologie des nationalen Geistes über die totalitäre Kosmologie der Heiligen Nation zum Wahn der ethnischen Reinheit und zu ethnischen Säuberungen führt, dann beziehe ich mich dabei vor allem auf die Erkenntnisse von Mary Douglas und anderen Anthropologen. Manche Autoren gehen davon aus, dies stelle nur für jene modernen Staaten eine Gefahr dar, die den Fehler gemacht hätten, das Blut explizit in den Mittelpunkt ihrer nationalen Ideologie zu stellen; doch Blutdiskurs und Nationalismus scheinen weltweit stärker miteinander verwoben zu sein, als viele glauben. Unter bestimmten Bedingungen brauchen alle Nationen Bluttransfusionen, wobei sie bei diesen Gelegenheiten zugleich zur Ader gelassen werden.

Diese allen nationalistischen Ideologien eingeschriebene ethnizistische Tendenz erklärt nicht, warum nur bestimmte Nationalstaaten zum Schauplatz massiver Ausbrüche kollektiver Gewalt, von Bürgerkriegen oder ethnischen Säuberungen werden. Hier kommt ein zweites Konzept ins Spiel, bei dem es um die Bedeutung des Faktors der sozialen Verunsicherung für das Leben einer Gesellschaft geht. In einem früheren Aufsatz mit dem Titel »Dead certainty« (1998b) habe ich detailliert dargestellt, wie soziale Verunsicherung zu ethnischen Säuberungen führen kann, zu Eingriffen, die am lebenden Organismus durchgeführt werden und die dazu dienen, etwas zu verifizieren. Mit anderen Worten: Die Verunsicherung soll beseitigt werden, indem man den verdächtigen Körper bzw. den Körper, der unter Verdacht steht, zerstückelt. Der Typ der Verunsicherung, um den es mir hier geht, hängt sehr eng mit der Tatsache zusammen, daß es heute Hunderttausende ethnischer Gruppierungen gibt, deren Bewegungen, Begegnungen, Kulturen, Lebensstile und mediale Repräsentationen tiefsitzende Zweifel darüber nähren, wer eigentlich zu »uns« und wer zu »den Anderen« gehört.

Die Geschwindigkeit und Intensität, mit der materielle und ideologische Elemente heute transnational zirkulieren, haben ganze Gesellschaften in nicht gekanntem Maß verunsichert. Was immer diese neue Art von Verunsicherung im einzelnen auszeichnen mag – sie ist jedenfalls schlecht mit Max Webers einflußreicher Prognose in Einklang zu bringen, nach der sich ältere, intimere Formen der Vergesellschaftung in der Moderne auflösen würden, um (im Rahmen langfristiger Trends der Rationalisierung und zur Sicherstellung von Berechenbarkeit) von hochgradig regulierten bürokratisch-juristischen Ordnungen ersetzt zu werden. Diese neuen Formen der Verunsicherung sind natürlich vielgestaltig. Ein Typ spiegelt unmittelbar die Sorgen wider, um die es bei Volkszählungen geht: Wie viele Personen dieser oder jener Kategorie leben tatsächlich in einem gegebenen Territorium? Vor dem Hintergrund großer Flüchtlingsströme und rasanter Migration könnte man diese Frage auch folgendermaßen formulieren: Wie viele von »den Anderen« sind schon unter uns? Eine andere Art von Verunsicherung berührt die Frage, was bestimmte kollektive Mega-Identitäten eigentlich genau ausmacht: Welche normativen Bedingungen etwa muß eine Person erfüllen, die die indische Verfassung als Mitglied einer *other backward class* (OBC, dt. etwa: einer sonstigen benachteiligten Klasse) definiert? Des weiteren besteht Verunsicherung darüber, ob eine bestimmte Person wirklich das ist, was sie zu sein vorgibt oder zu sein scheint oder in der Vergangenheit gewesen ist. All diese Formen der Verunsicherung führen schließlich zu einer unerträglichen Beunruhigung im Hinblick auf die Frage, wer Anspruch auf öffentliche Güter oder Versorgungsleistungen – von Sozialwohnungen und Krankenversicherung über die innere Sicherheit bis hin zur Entsorgung von Abwasser und Abfall – hat, da dieser Anspruch regelmäßig darauf gründet, ob man zu einer bestimmten Gemeinschaft gehört oder aber zu »den Anderen«. All diese Formen der Verunsicherung gewinnen an Intensität, wenn sich (aus welchen Gründen auch immer) große Massen von Menschen in Bewegung setzen, wenn neue Gratifikationen oder Risiken an ethnisch definierte kollektive Identitäten geknüpft werden oder wenn bestehende Ordnungen des sozialen Wissens aufgrund von Gerüchten, Terror oder gesellschaftlichen Bewegungen brüchig werden. Wo eine oder mehrere dieser Formen sozialer Verunsicherung ins Spiel kommen, kann Gewalt eine makabre Form von Sicherheit schaffen und als brutale Technik der Erkenntnis (als ein forensisches Verfahren, das sozusagen auf ein ganzes Volk angewendet wird) über »die Anderen« und damit auch über »uns« eingesetzt werden. Daß das Verhältnis von Gewißheit und Verunsicherung so instabil geworden ist, ist vielleicht gerade im Zeitalter der Globalisierung besonders plausibel.

In den letzten Jahrzehnten sind einige fundamentale Prinzipien und Verfahren des modernen Nationalstaats auf vielfältige Weise aus Gründen, denen ich in den folgenden Kapiteln nachgehen werde, auseinandergebrochen: die Vorstellung eines souveränen Territoriums mit festen Grenzen, die Überzeugung, man könne Bevölkerungen problemlos kontrollieren und zählen, und damit auch das Vertrauen in die Zuverlässigkeit von Volkszählungen, ganz allgemein also die Idee stabiler und transparenter Kategorien. Vor allem die Gewißheit, daß unverwechselbare, einzigartige Völker aus klar abgegrenzten nationalen Territorien stammen und diese kontrollieren, ist durch die globale Fluidität von Reichtum, Waffen, Menschen und Bildern, die ich in *Modernity at Large* beschrieben habe, ins Wanken geraten.

Einfacher gesagt: Die Trennlinien zwischen uns und den anderen waren historisch vielleicht gerade an den Grenzen und im Hinblick auf ausgedehnte Räume und sehr große Zahlen von Menschen immer unscharf, doch angesichts der Globalisierung nehmen diese Unsicherheiten heute dramatisch zu. Dadurch entsteht ein neues Bestreben nach kultureller Reinigung, da immer mehr Nationen die Illusion volkswirtschaftlicher Souveränität und nationalen Wohlstands verlieren. Diese Beobachtung macht einmal mehr deutlich, daß kollektive Gewalt nicht einfach das Ergebnis antagonistischer Identitäten ist, sondern umgekehrt eine Möglichkeit darstellt, die Illusion stabiler und mit festen Bedeutungen versehener Identitäten überhaupt erst zu erzeugen – etwa wenn es darum geht, die soziale Verunsicherung abzufedern, die globale Austauschprozesse unvermeidlich hervorzubringen scheinen. Vor diesem Hintergrund können wir den islamischen, aber auch den christlichen und viele andere lokale wie regionale Fundamentalismen als Instrumente eines entstehenden Repertoires begreifen, mit dem sich ein ehemals nicht erforderlicher Grad an Gewißheit über die Identität, die Werte, das Überleben und die Würde einer Gruppe erzeugen läßt. Gewalt, besonders extreme und spektakuläre Gewalt, ist ein möglicher Weg, solche Sicherheit durch die Mobilisierung eines Phänomens hervorzubringen, das ich an anderer Stelle »totalen Zusammenhalt« (1998a) genannt habe. Das gilt insbesondere dann, wenn sich massive soziale Verunsicherung mit anderen Ängsten verbinden, etwa der vor wachsender Ungleichheit, vor dem Verlust nationaler Souveränität oder vor einer Gefährdung der lokalen Sicherheit und Lebensqualität. In diesem Sinne ist es ein bestimmendes Motiv meiner Argumentation, daß »der Genozid schließlich eine Vergemeinschaftungsübung ist«, um Philip Gourevitchs schonungslosen Aphorismus über Ruanda aufzugreifen (2008).

Die soziale Produktivität von Gewalt allein ist jedoch keine hinreichende Erklärung für das merkwürdige Eigenleben, das Gewalt gegen als Minderheiten definierte Gruppen in den Neunzigern entwickelt zu haben scheint, und zwar von den Vereinigten Staaten bis Indonesien, von Norwegen bis Nigeria. Man könnte behaupten, die immer noch umstrittene Europäische Union sei in vielerlei Hinsicht das aufgeklärteste politische Gebilde der postnationalen Welt. Doch offensichtlich existieren heute zwei Europas: eine Zone der Inklusion und des Multikulturalismus in einigen europäischen Gesellschaften und die ängstliche Fremdenfeindlichkeit in jenem Teil, den wir als »Pim Fortuyns Europa« bezeichnen können (also unter anderem in Österreich, Rumänien, Frankreich und den Niederlanden). Um zu erklären, warum inklusive, demokratische, ja säkulare Nationalstaaten eigentlich Ideologien eines rassistisch motivierten Nationalismus sowie die Vorstellung hervorbringen, eine Mehrheit habe das Recht, Minderheiten zu dominieren, setze ich mich im vierten Kapitel eingehend mit dem Kern des Liberalismus auseinander.

Daß auch demokratische Gemeinwesen anfällig sind für plötzliche Ausbrüche ethnisch motivierten Nationalismus oder gar Ethnozide hat offenbar viel mit der seltsamen inneren Reziprozität zweier Kategorien der liberalen Gesellschaftstheorie zu tun: der von »Mehrheit« und »Minderheit« nämlich. Sie schafft etwas, das ich als *die Angst vor der Unvollständigkeit* bezeichnen möchte. Numerische Mehrheiten können gegenüber *kleinen Gruppen* gerade dann eine aggressive, ja mörderische Haltung einnehmen, wenn bestimmte (zahlenmäßig kleine) Minderheiten sie daran erinnern, daß es nur sehr wenige Menschen sind, deren Existenz sie daran hindert, ihren Status als Mehrheit auszubauen zu dem einer unbefleckten Gemeinschaft, zu einem makellos reinen nationalen Ethnos. Genau dieses Gefühl der Unvollständigkeit kann unter bestimmten Bedingungen dazu führen, daß Mehrheiten sich zu Gewaltausbrüchen gegen Minderheiten hinreißen lassen. Welche Bedingungen das sind, werde ich im fünften Kapitel am Beispiel der Situation der indischen Muslime untersuchen.

Die Globalisierung, verstanden als jenes spezifische Muster, nach dem Staaten, Märkte und Vorstellungen über Handel und Politik heute miteinander verknüpft sind, läßt solche Ausbrüche kollektiver Gewalt wahrscheinlicher werden, weil sie die beschriebenen Logiken der Verunsicherung und der

Unvollständigkeit mit ihren je eigenen Formen und Dynamiken potentiell auf Kollisionskurs bringt. Die neunziger Jahre waren ganz allgemein eine Zeit, in der die Globalisierung die Bedingungen für die Zunahme massenhafter sozialer Verunsicherung geschaffen und zugleich das Leiden an der vermeintlich verhinderten eigenen ethnisch-nationalen Reinheit verschärft hat – beide Entwicklungen gehen zurück auf die Wechselwirkung zwischen Mehrheit und Minderheit. Wenn die (im Rahmen des Projekts der nationalen Reinheit immer latent vorhandene) Angst vor der Unvollständigkeit und die Verunsicherung im Hinblick auf ethnische und rassische Großkategorien sich gegenseitig stimulieren und dadurch außer Kontrolle geraten, kann das zu Genoziden führen.

Dieser Ansatz zur Erklärung der Zunahme kulturell bedingter kollektiver Gewalt in den neunziger Jahren – der Verunsicherung und Unvollständigkeit verbindet – bietet auch eine Perspektive auf (aber weder ein Modell noch eine Erklärung für) das Problem, warum solche Gewaltausbrüche gemessen an der Zahl unabhängiger Nationalstaaten relativ selten stattfinden. Die hier präsentierte Argumentation – die um das Verhältnis von Globalisierung, Verunsicherung und Unvollständigkeit kreist – gibt uns Gelegenheit zu erkennen, wann sich die Angst vor der Unvollständigkeit und ein inakzeptables Maß von Verunsicherung gegenseitig so stimulieren, daß es zu massivem Auftreten ethnisch motivierter Gewalt kommt. Man könnte insofern sagen, daß das gleichzeitige und starke Vorhandensein beider Empfindungen eine notwendige Bedingung für Massengewalt darstellt. Damit ist allerdings die Frage nach den hinreichenden Bedingungen solcher Exzesse noch nicht geklärt. Mögliche Kandidaten wären dabei die Tatsache, daß an einem Konflikt ein sogenannter »Schurkenstaat« beteiligt ist (man denke an die Situation der Kurden im Irak Saddam Husseins), das Nachwirken rassistischer Kolonialstrukturen (Ruanda), ein auf tragische Weise ethnisch aufgeladener Verfassungsgebungsprozeß (wie im Jugoslawien nach Tito) oder kriminelle Anführer, die, von persönlicher Habgier getrieben, auf der Basis illegaler Handelsnetzwerke agieren (Liberia, Sudan). In Indien, ein maßgebliches Beispiel, auf das ich in diesem Buch immer wieder zurückkommen werde, scheint der entscheidende Faktor etwas mit einer spezifischen Konstellation zu tun, bei der eine politische Teilung eine Reihe juristischer und kultureller Verwerfungen im Inneren des Landes überlagert.

Ein weiterer Punkt ist mir an dieser Stelle wichtig: Die kollektiven Gewaltausbrüche der neunziger Jahre waren offensichtlich durchgehend von einem Übermaß an Wut, einem exzessiven Haß gekennzeichnet, der zu unsäglichen Formen der körperlichen und seelischen Erniedrigung und Vergewaltigung führte: gefolterte und verstümmelte Körper, vergewaltigte und verbrannte Menschen, ausgeweidete Frauen, Kinder, denen man Gliedmaßen abgehackt hatte, unterschiedlichste Formen der sexuellen Erniedrigung. Wie kann man diese Exzesse verstehen, die oft in aller Öffentlichkeit, ja sogar unter Freunden und Nachbarn stattfanden und nicht länger wie in früheren Konflikten im verborgenen?

Angesichts der Vielzahl von Faktoren, die man in einer möglichen Antwort zu berücksichtigen hätte, bin ich der Ansicht, daß diese Exzesse etwas mit den Kränkungen zu tun haben, die die Globalisierung dem »Narzißmus der kleinen Unterschiede« zugefügt hat – ein Thema, mit dem ich mich im vierten Kapitel auseinandersetze.

Im Mittelpunkt dieses Arguments steht dabei die Überlegung, daß dieses Übermaß an Zorn, dieser unstillbare Drang, andere zu erniedrigen, den Narzißmus der kleinen Unterschiede zu einem weitaus gefährlicheren Phänomen macht als in der Vergangenheit, da das Verhältnis von majoritären und minoritären Identitäten und Gruppen heute einer Ökonomie des unkontrollierbaren Gleitens und der plötzlichen Verwandlungen gehorcht. Da sich der Status von Mehrheiten und Minderheiten aufgrund der Elastizität von Volkszählungen, Verfassungen und sich wandelnder Ideologien der Inklusion und Gleichheit schlagartig umkehren kann, sind kleine Unterschiede nicht mehr, wie Freuds ursprüngliche Einsicht nahezulegen scheint, lediglich wertvolle und somit besonders schützenswerte Symbole für ein unsicheres Selbst. Kleine Unterschiede können nun besonders unerträglich werden, weil sie das ohnehin prekäre Verhältnis zwischen Mehrheiten und Minderheiten zusätzlich aus der Balance bringen. Die Brutalität, Erniedrigung und Unmenschlichkeit, die in den letzten 20 Jahren oft mit ethnischer Gewalt einhergingen, deuten auf die Umstände hin, unter denen die Grenze zwischen kleinen und großen Unterschieden selbst unsicher geworden ist. Unter diesen Umständen ist der aus dem Gefühl der Unvollständigkeit und Verunsicherung erwachsenden Wut und Furcht nicht mehr damit beizukommen, daß man unerwünschte Minderheiten ausstößt oder sie gar physisch auslöscht. Die Minderheit ist lediglich ein Symptom, der Unterschied, die Differenz selbst ist das zugrundeliegende Problem. Die Beseitigung der Differenz an sich (nicht nur die Fixierung auf *kleine* Unterschiede) ist in unseren Tagen das Kennzeichen *aggressiver kollektiver Narzißmen*. Da es in einer Welt der verschwimmenden Grenzen, gemischten Ehen, gemeinsamen Sprachen und vielfältigen anderen Formen der Vernetzung prinzipiell unmöglich ist, solche Unterschiede auszumerzen, führt jedes diesbezügliche Projekt notwendigerweise zu systematischen Frustrationserfahrungen, zu deren Ergebnissen jene systematischen Exzesse gehören, von der in unserer Gegenwart die Titelseiten der Zeitungen künden. Die sozialpsychologische Dynamik solcher Ereignisse überschreitet jedoch eindeutig mein eigenes Fachwissen und macht eingehendere Untersuchungen notwendig, als ich sie im vierten Kapitel zu leisten vermag.

Diese angedeuteten Zusammenhänge zwischen dem Gefühl der Verunsicherung, der Unvollständigkeit, dem Status von Minderheiten und der Produktivität von Gewalt im Zeitalter der Globalisierung erlauben uns möglicherweise eine andere Sichtweise auf die einseitigen und permanenten Kriege sowie die Versuche, die Demokratie in ferne Länder zu exportieren, wie es die Vereinigten Staaten seit dem 11. September in Afghanistan und Irak präsentieren, und jene Formen des »Interkontinental-Terrorismus«, mit denen Al-Qaida und ähnliche Gruppierungen zur gleichen Zeit den Westen herausfordern. Das zweite, das fünfte und das sechste Kapitel habe ich unter dem unmittelbaren Eindruck der Ereignisse des 11. September geschrieben und in den sechs Monaten nach den Angriffen auf das World Trade Center und das Pentagon fertiggestellt. Manches hat sich seitdem verändert, aber nicht alles.

Neue Formen *zellularer* politischer Organisationen (wie Al-Qaida), die Tatsache, daß immer mehr Akteure auf asymmetrische Kriegsführung und Gewalt gegen Teile der Zivilbevölkerung setzen, die wachsende Zahl von Selbstmordattentaten und die Taktik, Enthauptungen (von mehr oder weniger zufällig in gewalttätige Konflikte involvierten Personen) zu filmen und die Bilder per Videobotschaft in der ganzen Welt zu verbreiten, zwingen uns, weitere Fragen zu stellen. Sie haben mit den Ursachen des globalen Zorns auf die Kräfte des Marktes zu tun, mit der besonderen Form des Antiamerikanismus, der uns seit einigen Jahren in vielen Teilen der Welt begegnet, und mit der seltsamen Wiederkehr der Gestalt des Patrioten, des Märtyrers und des menschlichen Opfers auf den Schauplätzen der kollektiven Gewalt.

Gerade die öffentlichen Schocks, die die massenmedial verbreiteten Videobotschaften von Entführungsopfern im Irak oder die Bilder von ihrer Enthauptung ausgelöst haben, sind ein wesentliches Symptom neuer Formen der kollektiven Gewalt. Sie sollen uns Zugang zu den Dramen der Gewalt verschaffen, die in der Gegenwart im Namen der Religion, der Nationalität, der Freiheit und der Identität stattfinden. Solche Botschaften sind das mediale Werkzeug von Gruppen, die dem militanten Islam zugerechnet werden. Damit soll Druck auf eine Reihe von Staaten ausgeübt werden, zu denen seit einiger Zeit auch Indien gehört. In gewisser Weise können wir hier eine Rückkehr zu einer der elementarsten Formen religiöser Gewalt, dem Opfer, beobachten, zu dem wir René Girard (1987) einige überaus aufschlußreiche Überlegungen verdanken. Seit der auf Video aufgezeichneten Enthauptung Daniel Pearls in Pakistan kurz nach dem 11. September ist aus dem öffentlichen Opfer quasi ein systematisches Instrument der politischen Artikulation geworden. Diejenigen, die entführt und tatsächlich enthauptet werden oder denen mit Enthauptung gedroht wird, sind nicht unbedingt reich, mächtig oder berühmt. Zu ihnen gehörte etwa eine Gruppe von Arbeitsmigranten, die aus Indien, Kuwait und anderen Ländern in den Irak gekommen waren. Diese armen Migranten, die selbst so etwas wie das »Kanonenfutter« der globalen Wirtschaft darstellen, bilden einen Gegenpol zu jenen Formen des anonymen Sterbens, die die US Air Force in den Irak und die Al-Qaida nach New York, Nairobi und Saudi-Arabien gebracht hat. Die Bilder von den Enthauptungen im Irak sind das Ergebnis der Inszenierung eines intimeren und persönlicheren Opfers, bei der identifizierbare Individuen einer ritualisierten, einem vorgegebenen Ablauf folgenden Zeremonie des gewaltsamen Todes unterworfen werden, die uns einen Blick hinter die Kulissen dieser gewaltsamen Konflikte ermöglichen. Diese tragischen Opfer werden so unfreiwillig zu Pendants der Selbstmordattentäter in Palästina, im Irak und in Sri Lanka. In diesen Ländern produzieren Ideologien, die aus der Verzweiflung über asymmetrische Verhältnisse entstehen, Opfer und Märtyrer als Werkzeuge der Freiheit. Diese Körper zeugen von dem verzweifelten Versuch, wieder ein religiöses Element in die Zonen des Todes und der Zerstörung einzuführen, die so unvorstellbar abstrakt geworden sind. So schockierend sie sein mögen, sie lassen sich vielleicht trotz allem auch als moralische Antworten auf die gefolterten, angeleinten, gedemütigten und von ihren amerikanischen Wächtern fotografierten Körper muslimischer Gefangener im Irak und in Afghanistan begreifen.

2. Die Kultur des Kampfes

In unserem Denken über politischen Frieden und soziale Ordnung spielen seit jeher eingefahrene Schemata eine große Rolle. Dazu zählen unter anderem die folgenden Klischees: daß nur moderne Nationalstaaten den Krieg erklären oder Friedensabkommen treffen können; daß die soziale Ordnung unseres Alltags ein defizitärer Zustand ist, der sich lediglich durch die Abwesenheit von Krieg auszeichnet; und daß es einen grundsätzlichen, gleichsam natürlichen Unterschied zwischen den sozialen Verwerfungen innerhalb einer Gesellschaft und dem Krieg zwischen Gesellschaften gibt. All diese Gewißheiten sind seit dem 11. September verdampft. Während der letzten Jahre war zu beobachten, daß sich der Krieg nach und nach aus seinem nationalstaatlichen Rahmen gelöst hat, so daß »realistische« Erklärungsansätze nicht länger greifen. Zugleich begegnen wir ethnischen Konflikten, die kaum von Kriegen niedriger Intensität zu unterscheiden und in vielen Gesellschaften zur Normalität geworden sind; der alte Witz von den »Friedensausbrüchen« ist heute ernüchternde Realität. Und schließlich haben die Metastasen dessen, was wir Terrorismus nennen, und die Tatsache, daß sich die Bezeichnung »Terrorismus« für jede Spielart antistaatlicher Umtriebe in zeitgenössischen Diskursen wie ein Lauffeuer verbreitet, die Grenzen zwischen Bürgerkriegen und bewaffneten Konflikten zwischen Nationen bis zur Unkenntlichkeit verwischt.

Obwohl sich diese Gewißheiten natürlich nicht von heute auf morgen in Luft aufgelöst haben, hat uns die Entwicklung doch im wesentlichen unvorbereitet getroffen. Verschiedene Statistiken geben darüber Auskunft, daß interne Konflikte bereits seit einigen Jahrzehnten häufiger stattfinden als äußere Kriege. Schon seit einiger Zeit beobachten wir, daß innere Konflikte, an denen auch Zivilisten beteiligt sind, unsere Vorstellung vom Krieg als einer geregelten Aktivität zwischen bewaffneten Kämpfern herausfordert. Der Massenmord an der Zivilbevölkerung, der vielleicht erstmals von den Nazis zu einem offiziellen Mittel der Politik gemacht wurde, war in den letzten Jahrzehnten eine regelmäßige Begleiterscheinung ethnischer Konflikte. Und seit Milizen auf allen sozialen Ebenen, gerade in schwachen oder abhängigen Staaten, eine immer größere Rolle spielen, sind Flagge, Uniform und Sturmgewehr vielerorts nicht länger ein exklusives Symbol einer nationalen staatlichen Autorität.

Doch am 11. September ist etwas geschehen, was diesen allmählichen Entwicklungen einen dramatischen Schub gegeben und uns dazu gezwungen hat, manche liebgewonnene Denkgewohnheit über Krieg, Frieden und staatlich verbürgte Sicherheit in Frage zu stellen. Zum Angriff auf die Zwillingstürme gibt es mehr divergierende Theorien als zu James Joyce' *Ulysses*. Doch wird man kaum bestreiten wollen, daß mit diesem Eindringen in die Höhle des Löwen, diesem Vorstoß ins Herz des Lichts, der die Buddhas der Wall Street von ihrem Thron stoßen sollte, eine neue Art von Krieg erklärt wurde. Seine Neuartigkeit läßt sich nicht auf die technologische Asymmetrie reduzieren, selbst wenn dieser Zug durchaus bemerkenswert war. Sie bestand auch nicht in dem dreisten Versuch, eine moderne Megastadt zu terrorisieren und das Hochgeschwindigkeitsgetriebe des globalen Kapitals ins Chaos zu stürzen, und sie läßt sich auch nicht an der Absicht festmachen, durch eine Art hochtechnologischer Kernschmelze Terror auszuüben.

Das wirklich Neue an dieser Art und Weise, einen Krieg zu beginnen, bestand darin, daß sich dieser Krieg nur über einen Feind definierte, nämlich die Vereinigten Staaten. Als anonyme Kriegserklärung, als gleichsam dadaistischer Alptraum, als maßlose Rache für all die Hollywood-Drehbücher, in denen es um Großstadt-Terror, arabische Terroristen, Angriffe von fremden Mächten usw. geht, machte der 11. September mit der Idee eines Krieges ohne greifbaren Urheber auf ungeahnte Weise ernst.

Zugleich wurde dieser Krieg von einem Akteur neuen Typs angezettelt, einem Akteur, dem es nicht darum geht, einen neuen Staat zu begründen, einen bestimmten Staat anzugreifen oder sich überhaupt in das Verhältnis zwischen irgendwelchen Staaten einzumischen. Am 11. September mag ein Krieg gegen die USA begonnen haben (und die öffentliche Massenhinrichtung durch Feuer, Stein und Trümmer, die wir an diesem Tag erlebten, war eine unvorstellbare Bestrafungsaktion für die Bigotterie, die die Vereinigten Staaten weltweit, besonders aber in der islamischen Welt an den Tag legten), doch dieser Krieg richtet sich auch gegen die Vorstellung, daß Staaten die einzigen relevanten Akteure auf der internationalen Ebene darstellen.

Diese moralische, strafende, ja man könnte beinahe sagen »pädagogische« Dimension der Anschläge des 11. September hat viele Autoren auf Huntingtons umstrittene Formel des Kampfes der Kulturen (1996) zurückgreifen lassen. Doch bevor wir uns ausführlicher mit diesem Modell befassen, sollten wir uns zunächst einmal vor Augen führen, was diese Formel nach dem 11. September so attraktiv gemacht hat: Sie verweist auf eine neue Art der moralischen Entrüstung, auf eine neuartige Bereitschaft, im Namen von Vorstellungen der moralischen Reinheit oder sozialen Rechtschaffenheit extreme kriegerische Akte auszuführen, und selbstverständlich wäre es töricht, die enge Beziehung zwischen bestimmten gesellschaftlichen Kräften in der islamischen Welt und den Ereignissen in New York und Washington zu bestreiten.

Es gibt viele einschlägige Gründe, über Huntingtons Modell hinauszugehen, und ich werde mich im sechsten Kapitel ausführlicher mit ihnen befassen. An dieser Stelle beschränke ich mich daher auf einige kurze Beobachtungen: Die islamische Welt ist in sich gespalten, nicht zuletzt über die Frage, welche islamischen Staaten von ihren eigenen Bevölkerungen als legitim erachtet werden und welche nicht. Schließlich halten die verschiedenen Koalitionen, die nichtislamische Staaten (allen voran die Vereinigten Staaten und Großbritannien) angreifen wollen, auch viele islamische Regime für illegitim. In dem Maße, in dem Al-Qaida für die Anschläge des 11. September verantwortlich war und Osama bin Laden als Drahtzieher dieses Netzwerkes in Erscheinung trat, scheint auch klar zu sein, daß er innerhalb der arabischen, saudischen und sunnitischen Welt eine ganz eigene moralische und religiöse Position repräsentiert. Dieser Krieg mag im Namen des Islam geführt werden, doch seine Legitimation bezieht er aus wesentlich idiosynkratischeren Quellen innerhalb der islamischen Welt.

Ich werde später auf die Gründe zurückkommen, warum wir uns meines Erachtens eher in einer weltweiten Kultur des Kampfes als in einem Kampf der Kulturen befinden. Zunächst aber möchte ich mich der amerikanischen Reaktion auf die Ereignisse des 11. September zuwenden.

Die amerikanische Reaktion

Merkwürdigerweise mußten wir nicht auf die Antwort der US-Regierung warten (die sich erst nach einigen Wochen vom Schock der Anschläge erholt hatte), um einen Blick auf die Morphologie dieser neuen Art des Krieges und der Kämpfe, für die er paradigmatisch steht, werfen zu können. Es ist viel darüber geschrieben worden, wie Journalisten und Politiker in den Vereinigten Staaten nach angemessenen Begriffen für den unsichtbaren und unbekannten Feind rangen. Rückblikkend muß man es den Verantwortlichen hoch anrechnen, daß sie von Anfang an versuchten, eine explizit rassistische Sprache zu vermeiden, nicht antiarabische Ressentiments zu schüren und nicht die gesamte islamische Welt zum Feind zu erklären. Condoleezza Rice, damals noch Nationale Sicherheitsberaterin, stellte in der Tat frühzeitig klar, daß es sich *nicht* um einen Kampf der Kulturen handelte (und distanzierte sich damit unmißverständlich von Huntington). Auch George W. Bush und andere führende Regierungsmitglieder mühten sich erkennbar, dem Feind einen Namen zu geben, und allmählich zeichnete sich in diesem Benennungsprozeß zwei Wochen nach den Anschlägen ein Ergebnis ab. »Al-Qaida«, »Afghanistan« und »Osama bin Laden« galten nun als die Namen, die es erlaubten, diese noch unabgeschlossene Geschichte der gerade erst gegen das amerikanische Volk verübten Gewalttaten zu erzählen und die massive militärische Antwort, die kurz darauf entfesselt werden sollte, zu rechtfertigen.

Dieses Buch ist nicht der geeignete Ort, um den merkwürdigen Luftkrieg zu analysieren, mit dem die Vereinigten Staaten und Großbritannien Afghanistan, die Taliban und den inneren Kern der Al-Qaida-Führung überzogen. Viele Kommentatoren haben dabei die bizarre Philanthropie hervorgehoben, die darin bestand, zusammen mit den Bomben Lebensmittelpakete abzuwerfen. Auch darüber, wie aberwitzig es war, ein Land, das die Taliban ins Mittelalter zurückbefördert hatten, endgültig in die Steinzeit zu bomben, ist viel geschrieben worden. Das gilt auch für den gewaltigen Terror, den man unter der afghanischen Zivilbevölkerung verbreitete, nachdem die Menschen dort bereits von den Taliban in psychische Wracks verwandelt worden waren. Auf einer anderen, globaleren Ebene haben viele Beobachter zu Recht darauf hingewiesen, daß der Rachefeldzug gegen das Land am Hindukusch es der amerikanischen Kriegsmaschinerie erlaubte, endlich aus ihrem Dornröschenschlaf zu erwachen, daß diese Strafaktion einen eben erst gewählten Präsidenten in die Lage versetzte, sich als Retter der zivilisierten Welt aufzuspielen, und daß es diese Ereignisse einer ganzen Reihe unterschiedlicher Akteure gestatteten, die moralischen Dramen der Suezkrise, des Kalten Kriegs und des Golfkriegs noch einmal auf den Spielplan zu setzen, die man nun als Episoden eines gigantischen Epos über einen wutentbrannten Gulliver inszenieren konnte. Einmal mehr wurde die Welt in zwei Lager aufgeteilt: in Verbündete und Kritiker, in Jasager und Neinsager und in Anhänger und Gegner jenes mysteriösen Feindes, der nun die Namen Terror, Terrorismus oder Terrorist trug.

Der Krieg gegen Afghanistan, der heute noch immer nicht zu Ende ist, ließe sich als diagnostischer oder vielleicht sogar als forensischer Krieg bezeichnen. Er war dazu gedacht, bestimmte Untersuchungen durchzuführen. Zuallererst ging es dabei um die Frage, wer genau der Feind eigentlich war: Was ist die Al-Qaida? Wer ist Osama bin Laden? Wer sind die Taliban wirklich? Es handelte sich jedoch noch in einem weiteren Sinn um einen diagnostischen Krieg: Er diente dazu, die wirklichen Verbündeten der Vereinigten Staaten und Großbritanniens zu identifizieren; Japan und die europäischen Staaten mußten ihre Loyalität erklären; viele ehemalige Zaungäste waren nun gezwungen, sich ungeachtet aller Vorbehalte auf die Seite der USA zu schlagen. Die allmächtige amerikanische Kriegsmaschinerie hatte zu einem Plebiszit aufgerufen, bei dem Enthaltungen nicht geduldet wurden. Auch der folgende Krieg gegen den Irak wies viele dieser Merkmale auf, wiewohl es dieses Mal um die forensische Frage nach den »Massenvernichtungswaffen« ging.

Indem man den Feind als ein globales Terrornetzwerk beschrieb, das auf undurchsichtige Weise wiederum mit namenlosen anderen Netzwerken verbunden war, die ihre Tentakel in die gesamte Welt ausstreckten, konnten nun viele Staaten ihre eigenen Dissidenten, Staatsfeinde und gewaltbereiten Minderheiten ebenfalls mit diesem Begriff bezeichnen. Der Gegner, dem man diesen Namen gab, hatte nun plötzlich überall in der Welt Verbündete, und viele Staaten verstanden nur allzu gut, daß sich dieses Phantom praktisch uneingeschränkt für ihre eigenen lokalen Zwecke manipulieren ließ. Indien bildete hier keine Ausnahme.

Der wichtigste Grund für die überwältigenden Solidaritätsbekundungen, die die Vereinigten Staaten von Regierungen aus der ganzen Welt erhielten, bestand in der Einsicht, daß der am 11. September angezettelte Krieg vor allem ein Krieg zwischen zwei unterschiedlichen, gleichermaßen globalen Systemen war, die man als *vertebrale* und *zellulare* Systeme beschreiben könnte. Moderne Nationalstaaten wissen, daß sie zur vertebralen Welt gehören und daß sie darin wie die letzten Dinosaurier verzweifelt um ihr Überleben kämpfen.

Zellulare und vertebrale Systeme

Um diese Unterscheidung zwischen vertebralen und zellularen Systemen zu verstehen, müssen wir einen Schritt zurückgehen und über den Prozeß nachdenken, den wir heute als »Globalisierung« bezeichnen. Auch wenn es viele Diskussionen darüber gibt, in welchem Ausmaß die Globalisierung die Konturen des Systems der Nationalstaaten verwischt hat, würde wohl kein ernstzunehmender Theoretiker, der die

Weltwirtschaft während der letzten 30 Jahre beobachtet hat, bestreiten, daß die Fiktionen und Widersprüche, die den Nationalstaat von Anfang an begleiteten, im Zuge der zunehmenden Integration der Weltmärkte und der Verbreitung von Marktideologien besonders nach 1989 weltweit deutlicher zutage getreten sind. Das ist nicht nur eine Frage des mathematischen Verhältnisses zwischen der Handelsbilanz und dem Bruttoinlandsprodukt, sondern ein institutionelles Problem, zu dem einschneidende Veränderungen im Charakter nationaler Institutionen wie etwa der Zentralbanken gehören, die in vielen Gesellschaften innerhalb des nationalen Rahmens letztlich eine globale Politik betreiben. In den Bereichen der Buchführung oder der elektronischen Datenverarbeitung sind ganze Kataloge von Gesetzen entstanden, die oft nur noch die Angehörigen einer technokratischen Elite verstehen und anwenden können, um komplizierte ökonomische Transaktionen auf der globalen Ebene durchzuführen.

Nationale Volkswirtschaften, die – gelinde gesagt – immer schon ein brüchiges Konzept darstellten (das nicht älter ist als der deutsche Ökonom Friedrich List), scheinen heute in kooperative Netzwerke eingebunden, die es allenfalls den Unternehmen erleichtern, Geschäfte zu machen; den Eindruck, es handele sich dabei um autonome, selbstbestimmte Einheiten, erwecken sie längst nicht mehr.

Nur die mächtigsten Volkswirtschaften der Welt können heute noch in irgendeiner Form als »national« gelten, wobei die größte von allen, die amerikanische, ohnehin längst selbst global geworden ist. In Europa ist man weitgehend einig darüber, daß die wichtigste Rechtfertigung für die Europäische Union in der unausweichlichen Tatsache besteht, daß die europäischen Länder gemeinsam am globalen Spiel teilnehmen müssen, wenn sie nicht alles riskieren wollen. Die Japaner wiederum, die sich zu spät auf die neue globale Ordnung der Dinge eingestellt haben, mußten über Nacht feststellen, daß ihre Wirtschaft gleichsam sediert war und daß sie sich selbst gegenüber makroökonomischen Elektroschocks als immun erwies.

Darüber, wie Politik und Kultur unserer hyperglobalisierten Welt aussehen werden, besteht Uneinigkeit. Man diskutiert über die Krise des Nationalstaats, die Zukunft der Souveränität und die Lebensfähigkeit von Staaten, die sich keiner starken regionalen Koalition anschließen wollen. Diese Debatten, die sich auch in politischen Reden und Massenbewegungen niederschlagen, nehmen oft die Gestalt panischer Angst vor fremden Waren und Sprachen, vor fremden Migranten und fremden Investoren an. Viele Staaten sehen sich in der Zwangslage, das Schauspiel der nationalen Souveränität aufführen und gleichzeitig das Kunststück vorgeblicher Weltoffenheit vollbringen zu müssen, um in den Genuß der Segnungen des westlichen Kapitals und der Großzügigkeit multilateraler Wirtschaftsorganisationen zu kommen.

Da die Fiktion der »Volkswirtschaft«, die zu Zeiten starker sozialistischer Staaten und Planwirtschaften noch eine gewisse Plausibilität besaß, fast vollständig zerstoben ist, bleibt heute eigentlich nur noch das Feld der Kultur übrig, um Phantasien der Reinheit, der Authentizität, der Grenzen und der Sicherheit auszuleben. So nimmt es nicht wunder, daß der Zusammenbruch bzw. die Implosion starker nationaler Ökonomien (infolge der Zunahme kurzfristiger Auslandsinvestitionen, der wachsenden Bedeutung transnationaler Wirtschaftsprozesse und der Entstehung von Offshore-Imperien, die sich jeder nationalen Kontrolle entziehen) in zahllosen Entwicklungsländern zum Aufstieg neuer Fundamentalismen, zur Tyrannei der Mehrheit oder zur Entstehung von indigenen Bewegungen geführt hat, die häufig ethnozidale Tendenzen aufweisen. So wurde der Nationalstaat in vielen

Gegenden der Welt allmählich auf die Fiktion des Ethnos reduziert, die sich nun als die letzte kulturelle Bastion erweist, über die er uneingeschränkt gebieten kann.

Und selbstverständlich bringt die gegenwärtige Globalisierungsdynamik noch einen weiteren Aspekt mit sich, auf den schon oft hingewiesen wurde: Sie führt nämlich zu einer wachsenden Ungleichheit zwischen Nationen, Klassen und Regionen. Während die Experten noch darüber streiten, in welchem Zusammenhang diese wachsende Polarisierung mit offenen Märkten und den rasanten Strömen des globalen Kapitals steht, gilt sie in vielen Ländern gemeinhin als direkte Folge der ungebremsten Wucht des globalen Kapitalismus, wobei man die Schuld für diese Entwicklung der nationalen Macht zuschreibt, die die Globalisierung am stärksten vorantreibt – den USA. Zweifellos ist es diese offensichtliche Verbindung zwischen dem Zusammenbrechen ganzer Volkswirtschaften, dem Reißaus nehmenden Kapital und der Rolle der Vereinigten Staaten als Hauptexporteur der Ideologien des freien Handels, des Marktes und des Profits, die zu einer neuen Form des emotionalen Kalten Krieges geführt hat, in dem die Länder, die sich selbst zu den Verlierern dieses Spiels zählen, der kleinen Gruppe von Gewinnern, insbesondere den USA, gegenüberstehen. Das selbst im Kreise derer, die die Brutalität des 11. September verabscheuten, weitverbreitete Gefühl, den Vereinigten Staaten sei in irgendeiner Weise Gerechtigkeit widerfahren, hat seinen Ursprung zweifellos in einer moralischen Entrüstung, die der Logik des wirtschaftlichen Ausschlusses geschuldet ist. Auf weitere Facetten des weltweit wachsenden Hasses auf die USA werde ich im sechsten Kapitel eingehen.

Das Überraschende an den neuen grenzüberschreitenden Strömen von Geld, Waffen, Informationen, Menschen und Ideologien ist, daß sie Formen der Solidarität hervorgebracht haben, die auf derselben politischen Ebene angesiedelt sind wie jene, auf die traditionell der Nationalstaat ein Monopol zu haben schien. So fordern ganz unterschiedliche Diasporagemeinschaften die unbedingte Loyalität von Bevölkerungsgruppen ein, die über verschiedene nationale Territorien verteilt leben. Debatten um die zentralen Fragen des Krieges, des Friedens, der Identität und des Fortschritts werden von virtuellen Gemeinschaften, die sich transnational zusammenfinden und verschiedene Formen der Solidarität repräsentieren – von kultureller über professionelle bis hin zu situationsgebundener oder opportunistischer Solidarität –, erbittert ausgefochten. Paradoxerweise stellen dabei jedoch die bösartigen Nationalismen, die im Cyberspace gedeihen, selbst die festen Bindungen zwischen Raum, Ort und Identität in Frage. So existiert etwa eine Online-Gemeinschaft namens Tamil Eelam (Jeganathan 1998), zu der Tamilen gehören, die seit den siebziger Jahren vor der Gewalt in Sri Lanka geflohen sind. Kollektive Phantasien und phantasierte Kollektive sind im Zeitalter des Internet nicht länger einfach zwei Seiten einer Medaille, vielmehr stellen sie sich oft gegenseitig auf den Prüfstand und konkurrieren miteinander.

Die Metapher des Netzwerkes wurde insbesondere von Manuel Castells (1996), aber auch von vielen Wirtschaftsgurus, Zukunftsforschern und anderen Autoren erfolgreich beschworen, um die im Entstehen begriffenen sozialen und politischen Formen dieser vielfach verwobenen, technologiegetriebenen Welt zu fassen. Unbestreitbar ist die Welt über diverse Kreisläufe vernetzt, durch die Geld, Nachrichten, Menschen und Ideen zirkulieren, sich treffen, konvergieren und wieder auseinanderstreben. Doch scheint mir das Bild des Netzwerkes für die Wirklichkeit, die es abbilden soll, zu unspezifisch zu sein.

Die Vorstellung einer *zellularen* Welt ist vielleicht etwas präziser. Der aus der Biologie stammende Gegensatz von zellularen und vertebralen Formen beansprucht wie alle Analogien nicht, vollständig oder vollkommen zu sein. Das moderne System der Nationalstaaten ist das beste Beispiel einer *vertebralen* sozialen Struktur. Denn obwohl Nationen auf ihren Geschichten der Differenz und Einzigartigkeit herumreiten, funktioniert das System der Nationalstaaten insgesamt nur aufgrund der Unterstellung, daß es eine internationale Ordnung gibt, die durch eine Vielzahl von Normen, nicht zuletzt die Normen des Kriegsvölkerrechts, garantiert wird. Diese vertebrale Ordnung wird heutzutage nicht nur von den Vereinten Nationen symbolisiert, sondern auch von der großen und zunehmenden Menge von Protokollen, Institutionen, Verträgen und Abkommen, die gewährleisten sollen, daß alle Nationen im Umgang miteinander symmetrische Prinzipien zugrunde legen, ganz gleich, an welcher Stelle der Macht- und Wohlstandshierarchie sie stehen. Das System der Nationalstaaten vertraute von Anfang an auf eine semiotische Ordnung der Anerkennung und Kommunikation, die aus so einfachen Elementen wie Flaggen, Briefmarken und Fluglinien, aber auch aus den wesentlich komplexeren Netzwerken der Konsulate, Diplomaten und anderen Formen der gegenseitigen Anerkennung besteht. Solche vertebralen Systeme, von denen das der Nationalstaaten vielleicht das größte und umfassendste darstellt, müssen nicht unbedingt zentralistisch oder hierarchisch organisiert sein. Sie beruhen aber auf der grundlegenden Voraussetzung einer endlichen Menge aufeinander abgestimmter regulativer Normen und Zeichen. Es ist insofern verständlich, warum der Westfälische Friede und Kants Schriften über moralische Reziprozität und Symmetrie räumlich und zeitlich in relativ großer Nähe das Licht der Welt erblickten.

Der globale Kapitalismus fügt sich nicht ohne weiteres in

den Gegensatz von vertebralen und zellularen Systemen ein. Soweit er auf ein weitverzweigtes Nervensystem der Kommunikation, des Transportwesens, der Kredite und der koordinierten fiskalischen Transaktionen vertraut, ist er offensichtlich ein vertebrales System. Diese Eigenschaft gehörte seit jeher zur Geschichte des industriellen Kapitalismus, der zumindest ein zuverlässiges System der Kredite und Geldströme braucht, um überhaupt funktionieren zu können. Der moderne Kapitalismus ist auch in dem Sinn vertebral, als er auf die weitreichende Anwendbarkeit bestimmter Normen des Rechts, der Buchführung, der Polizeiarbeit, der Besteuerung und der Sicherheit angewiesen ist, für deren Durchsetzung er bislang in der Regel auf Vereinbarungen zwischen souveränen Staaten setzen konnte, die in verschiedenen Abkommen und Verträgen niedergelegt sind. In dieser Hinsicht überlappen sich die vertebralen Strukturen des nationalstaatlichen und des kapitalistischen Systems, ihre Geschichten sind offenbar auf vielfältige Weisen miteinander verwoben. Natürlich war diese gemeinsame Struktur nie spannungs- und widerspruchsfrei, doch sie läßt sich anhand der Imperien der süd- und westeuropäischen Seemächte bis ins 16. und 17. Jahrhundert zurückverfolgen.

Andererseits entwickelte der Kapitalismus seit dem 19. Jahrhundert allmählich bestimmte zellulare Eigenschaften, und zwar in dem Maße, wie er sich technisch fortentwickelte und ortsungebundener wurde, wie seine Technologien modularer und mobiler wurden und sich die finanzielle Komponente zunehmend von Industrie und Handwerk löste. Diese Eigenschaften treten in jener Epoche des Kapitalismus, die man verschiedentlich als »postfordistisch«, »desorganisiert«, »flexibel« oder »postindustriell« bezeichnet hat, immer stärker zutage. In dieser Epoche, die durch die Ablösung multinationaler durch transnationale und in jüngster Zeit durch globale

Konzerne gekennzeichnet ist, veränderte die rasante Neuzusammensetzung der Produktionsfaktoren die Geographie des Kapitals. Infolgedessen sind seine Bewegungen und sein nationales Profil schwer bestimmbar geworden. Diese besonders seit den siebziger Jahren zu beobachtenden Eigenschaften haben ihren Niederschlag in vielerlei organisatorischen Losungen und Modellen gefunden, bei denen es immer darum geht, die mobile, rekombinante, opportunistische und entnationalisierte Funktionsweise vieler globaler Konzerne auf den Begriff zu bringen. Seit Mitte der achtziger Jahre ist die Ausprägung zellularer Eigenschaften – durch den Boom der neuen Informationstechnologien und die damit zusammenhängende Beschleunigung und das wachsende Volumen finanzieller Transaktionen – noch schneller vorangeschritten. Diese Entwicklung hat die nationalen Finanzmärkte in plötzliche und dramatische Krisen gestürzt. Davon waren zunächst Mexiko, dann Ostasien und schließlich Argentinien betroffen, wo ein überaus reiches Land binnen weniger Wochen in die wirtschaftliche Anarchie stürzte. Länder wie Indien haben offen zugegeben, daß ihre relative Immunität gegenüber solchen Krisen zumindest teilweise eine Folge ihrer schlechten Integration in die Weltwirtschaft ist. Doch auch das ist ein riskantes Spiel, schließlich führen uns viele Länder des subsaharischen Afrika zugleich vor Augen, welch verheerende Konsequenzen es hat, wenn man sich weltwirtschaftlich in einer marginalen Position befindet.

Der gegenwärtige Zustand der globalen Unternehmen und der Märkte, in denen sie operieren, läßt sich in mehr als einer Hinsicht als schizophren bezeichnen. Einerseits weist er nämlich die vertebralen Eigenschaften des nationalstaatlichen Systems auf, auf die er auch angewiesen ist, andererseits dient er als Laboratorium für neue Formen der Zellförmigkeit, der Entkopplung und der lokalen Autonomie.

Dieser ambivalente Charakter des globalen Kapitalismus in Zeiten des Internet erlaubt es uns, das zellulare Wesen der neuen »terroristischen Netzwerke« besser zu verstehen. Verknüpft, aber nicht von oben gesteuert, koordiniert, aber erstaunlich unabhängig, ohne zentrale Informationsstrukturen, doch fähig zur Replikation, diffus (was ihre zentralen Organisationsstrukturen anbelangt) und nichtsdestoweniger glasklar in ihren zellularen Strategien und Effekten, sind diese Gruppen offensichtlich auf vitale Instrumente wie Geldtransfer, geheime Organisation, Steueroasen und inoffizielle Trainings- und Mobilisierungsmethoden angewiesen, die über weite Strecken auch die Funktionsweise der kapitalistischen Welt charakterisieren. Offenbar sind die Grauzonen der Banken- und Finanzwelt mitschuldig an der Art und Weise, wie internationale Terroristen heute agieren. Die Entschiedenheit, mit der besonders in den Vereinigten Staaten die Instrumente des Bank-, Steuer- und Rechtswesens dafür eingesetzt wurden, die Geldmittel dieser Organisationen aufzuspüren und einzufrieren, spricht eindeutig für die Bedeutung dieser Verbindung. Schließlich sind die außerbilanziellen Transaktionen eines Mammutkonzerns wie Enron, die Tausende von Arbeitern und Investoren übervorteilten, formal durchaus mit den illegalen Geschäften terroristischer Netzwerke vergleichbar, von denen so oft die Rede ist. Allgemein gesprochen sind die globalen Ströme von Waffen, Arbeitskräften, Drogen und Edelsteinen oft auf hochmoderne Kommunikationsmittel und nichtstaatliche Gewaltakteure angewiesen. In dieser Zone konvergieren die Gewalt des Terrorismus und die Unabhängigkeit verschiedener illegaler globaler Ströme.

Doch die Zellförmigkeit, die das Kapital und den internationalen Terror auszeichnet, hat auch andere Gesichter. Im sechsten Kapitel über die Graswurzelglobalisierung wird es darum gehen, wie nichtstaatliche Organisationen die Instrumente der Zellförmigkeit nutzbar gemacht haben, um neue Solidaritäten und neue Strategien gegen die Macht des Nationalstaats und der globalen Konzerne zu entwickeln. Es sind utopische zellulare Formen, die sich den Zielen der Gleichheit, Transparenz und Inklusion verschrieben haben. Sie stehen der Ideologie des Terrors denkbar fern. Doch auch sie illustrieren die neue Logik der Zellförmigkeit.

Empirisch gesehen ist es natürlich unsinnig, von einem Ende des Nationalstaats zu sprechen. Wenn wir aber die Verbreitung zellularer Formen untersuchen, die das vertebrale Ethos des modernen Systems der Nationalstaaten umgeben und in Frage stellen, dann scheint es in der Tat so zu sein, daß sich beide Prinzipien der politischen Massengefolgschaft und -organisation zugleich in einem Verhältnis der Gegensätzlichkeit wie der wechselseitigen Abhängigkeit befinden. Komplementarität und Differenz zwischen vertebralen und zellularen Systemen liefern uns ein Muster, vor dessen Hintergrund die Krise des Nationalstaates im Zeitalter der Globalisierung untersucht werden kann, und sie nötigen uns zu der Einsicht, daß die Formen des globalen Terrorismus, die wir seit dem 11. September deutlich vor Augen haben, nur Momente einer tiefgreifenden und allgemeinen Veränderung der Morphologie der globalen Wirtschaft und Politik sind.

Diese allgemeine Veränderung, deren gewaltsame und asymmetrische Seite der globale Terror ist, läßt sich als Zirkulationskrise begreifen. Sie läßt sich, mit anderen Worten, als eine Krise betrachten, die durch eine für das Zeitalter der Globalisierung offenbar charakteristische »Entkopplung« verschiedenartiger Ströme – der Bilder, Ideologien, Güter, Menschen und des Reichtums – hervorgerufen wurde (Appadurai 1996). Für eine solche Entkopplung sind bestimmte Formen und Medien der Zirkulation verantwortlich, die in bezug auf Raum und Zeit unterschiedlichen Rhythmen folgen. Diese sogenannten »entkoppelten globalen Ströme« produzieren diverse lokale Widersprüche und Spannungen. Da all diese Spannungen etwas mit nicht ausreichend synchronisierten globalen Strömen zu tun haben, lassen sie sich als Zirkulationskrisen bezeichnen. Dieser Begriff erinnert uns daran, daß die Globalisierung viel mit den Bewegungen des Finanzkapitals zu tun hat und daß Karl Marx als einer der ersten bemerkte, wie wichtig die Zirkulation, besonders die des Geldes im Verhältnis zu den Waren, für Funktionsweise und Widersprüche des Kapitals war. Auf die Marxsche Einsicht gestützt, können wir nun erkennen, daß die Logiken der Zirkulation in ihrer Reichweite, ihrer Semiotik, in Takt und Tempo ihrer Bewegungen und in den Bahnen, die sie nachzeichnen oder neu schaffen, heute sogar noch stärker diversifiziert und entkoppelt sind.

Wenn wir auf die stets prekäre Idee einer aus Volkswirtschaften bestehenden Welt zurückkommen, können wir das gegenwärtige – vom Spekulationskapital, von den neuen Finanzinstrumenten und der Hochgeschwindigkeitsinformationstechnologie angetriebene – Zeitalter der Globalisierung als eines charakterisieren, das zu neuen Spannungen führt zwischen dem unbändigen Drang des globalen Kapitals, hemmungslos und grenzenlos zu vagabundieren, und der immer noch vorherrschenden Phantasie, der Nationalstaat könne einen souveränen Wirtschaftsraum gewährleisten. Diese neue Zirkulationskrise (genauer gesagt: diese Krise der Entkopplung unterschiedlicher Bahnen und Formen der Zirkulation) ist der Hintergrund, vor dem sich die Konflikte zwischen vertebralen und zellularen Formen heute abspielen. Die Konflikte lassen sich auch an den Spannungen ablesen, die im Zeitalter der Globalisierung zwischen den Formen der Zirkulation und der Zirkulation der Formen existieren.

Obwohl die Formen also unauflösbar miteinander verschränkt sind, neigen sie doch auch dazu, miteinander in Konflikt zu geraten. Dies ist aber kein Kampf der Doktrinen, Kulturen oder Zivilisationen, sondern ein Kampf unterschiedlicher Massenorganisationsformen – die ich als »zellular« und »vertebral« bezeichnet habe – im Rahmen der anhaltenden Zirkulationskrise. Osama bin Laden und Al-Qaida sind die schrecklichen Chiffren für diesen Kampf, bei dem es um weit mehr geht als nur um Terrorismus.

Der Krieg als Ordnung

Wir verdanken Achille Mbembe (2003) die wegweisende Einsicht, daß man sich in Gesellschaften, deren Alltag von physischer Gewalt, militarisierten Konflikten und körperlicher Brutalität im Namen kollektiver Identitäten gekennzeichnet ist, keinen einfachen Gegensatz zwischen Natur und Krieg auf der einen Seite, Sozialleben und Frieden auf der anderen mehr vorstellen kann. Dagegen entwirft Mbembe ein Schrekkensszenario, in dem sich Ordnung (Regelmäßigkeit, Vorhersagbarkeit, Routine und Alltäglichkeit) um tatsächliche oder in Aussicht gestellte Gewalt organisiert.

Die seit dem 11. September von der Imago des Terrors und des Terrorismus geprägte globale Politik nötigt uns, Mbembes Vorbild auf etwas andere Weise zu folgen. Die besagte Politik ebnet den Unterschied zwischen zivilem und militärischem Raum ein. Verschiedene terroristische Netzwerke und Akteure versuchen, den ganzen zivilen Alltag mit Angst zu durchsetzen. In ihrer Welt gibt es keine Zivilisten. Was sie damit entfesseln, ist nicht nur ein totaler Krieg, wie ihn mächtige Staaten in der Vergangenheit immer wieder geführt haben, sondern ein alltäglicher Krieg, der Krieg als alltägliche Möglichkeit. Und er wird genau zu dem Zweck geführt, das Vertrauen zu erschüttern, daß es für irgendwen einen »Alltag« außerhalb des Raums und der Zeit des Krieges gibt. Der Terrorismus fügt dem das Element der Unvorhersagbarkeit hinzu, die das Mittel der Wahl zur Verbreitung unaufhörlicher Angst ist. Staaten, die in bezug auf ihre eigene oder auf fremde Bevölkerungen eine solche Strategie verfolgen, werden zu Recht des Terrorismus bezichtigt.

Effektiver Terror beruht auf einer systematischen Verwischung der raumzeitlichen Koordinaten von Krieg und Frieden. Um zu funktionieren, muß er zudem die eigenen Organisations- und Mobilisierungsstrategien möglichst verbergen. Vor allem aber hat er das Ziel, eine Form der Ordnung zu untergraben, die wir mit Frieden oder Gewaltfreiheit assoziieren. Terror, im Namen welcher Ideologie der Gleichheit, Freiheit oder Gerechtigkeit auch immer, versucht, Gewalt als regulatives Prinzip des täglichen Lebens zu etablieren. Und genau das ist, noch jenseits der von ihm verursachten körperlichen Traumata, seiner räumlichen Promiskuität, seiner Tragödien der Selbstopferung und seiner Verweigerung eines reziproken Humanismus, am Terror so verstörend. Terror ist der rechtmäßige Name jedes Versuchs, den Alltag in Gewalt statt im Frieden zu verankern. Er macht den Notfall zur Routine und nimmt sich ungewöhnliche Formen der Gewalt und Gesetzesübertretung zur Norm.

Globalisierte Terrornetzwerke, denen wir heute in Gruppen wie Al-Qaida begegnen, besitzen darüber hinaus die Fähigkeit, sich durch zellulare Organisation zu globalisieren. Darum sind diese Netzwerke im doppelten Sinne schwindelerregend und verunsichernd. Sie wollen das Verhältnis von Frieden und Alltag auf den Kopf stellen, und tun dies ohne Rücksicht auf die Prinzipien vertebraler Koordination, auf die sich Nationalstaaten immer verlassen haben. Das ist ein epistemologischer Angriff auf uns alle, weil er unsere liebgewonnen Denkgewohnheiten destabilisiert: Daß Frieden die natürliche Eigenschaft sozialer Ordnung und der Nationalstaat ihr natürlicher Garant und Bewahrer ist. Der Terror ist mithin die alptraumhafte Seite der Globalisierung, und wir müssen die Logik dieses Alptraums genauer verstehen. Einstweilen aber wollen wir festhalten, daß sich Terror im Zeitalter der Globalisierung nicht von bestimmten Krisen und Widersprüchen des Nationalstaates ablösen läßt. Eine dieser Krisen betrifft das Verhältnis zwischen den Minderheiten *innerhalb* des modernen Nationalstaates und der Marginalisierung *des* Nationalstaates durch die Kräfte der Globalisierung. Darum soll es im nächsten Kapitel gehen.

3. Globalisierung und Gewalt

Weltweit diskutiert man über die Globalisierung. Als »Globalisierung« bezeichnen wir eine neue (von mächtigen Informations- und Kommunikationstechnologien angetriebene) industrielle Revolution, die gerade erst begonnen hat. Ihre Neuartigkeit stellt unsere linguistischen Fähigkeiten auf die Probe, sie zu verstehen, und unsere politischen Fähigkeiten, sie zu kontrollieren. In den Vereinigten Staaten und den etwa zehn reichsten Ländern dieser Erde ist »Globalisierung« für die Wirtschaftseliten und deren politische Verbündete bestimmt ein positives Schlagwort. Bei Migranten, farbigen Menschen und anderen Außenseitern (dem sogenannten »Süden im Norden«) hingegen weckt es Sorgen um ihre Inklusion, ihre Arbeitsplätze und ihre fortschreitende Marginalisierung. Und wie immer in der Menschheitsgeschichte ist die Sorge der Außenseiter auch eine Sorge für die Eliten. Die übrigen Länder der Welt, die unterentwickelten und die wirklich notleidenden, fürchten zweierlei: einerseits die Inklusion zu drakonischen Bedingungen und andererseits die Exklusion, die einem Ausschluß aus der Geschichte gleichzukommen scheint.

Außerdem stellt die Globalisierung im Norden wie im Süden unser wirksamstes Mittel zur Kontrolle des Neuen in Frage: unseren Rekurs auf die Geschichte. Wir können uns noch so sehr bemühen, die Globalisierung lediglich als neue Phase (und neue Erscheinung) des Kapitalismus, des Imperialismus, des Neokolonialismus, der Modernisierung oder der staatlich betriebenen wirtschaftlichen und sozialen Entwicklung (*developmentalism*) zu betrachten. Mit einer solchen Jagd nach Analogien haben wir vielleicht die Chance, die Bestie der Globalisierung im Gefängnis (oder im Zoo) der Sprache zu zähmen. Darüber hinaus aber ist dieser historisierende Schachzug (so legitim er technisch gesehen auch sein mag) genau deshalb zum Scheitern verurteilt, weil er den in seiner Neuartigkeit verstörenden Aspekt der Globalisierung nicht erklären kann. Der Rückgriff auf die Archive früherer Weltsysteme, alter Reiche, bekannter Macht- und Kapitalformen kann uns nur bis zu einem gewissen Punkt beruhigen. Jenseits dieses Punktes bricht sich das Gefühl vieler Armer (und ihrer Verbündeten in der Welt) Bahn, die Globalisierung berge mancherlei neue Gefahren, über die uns die Märchen der Geschichte nicht hinwegtrösten können, nicht einmal die von schlechten Menschen und bösen Weltherrschern. Selbst in den Straßen von Seattle, Prag, Washington und vielen anderen Orten, an denen sich weniger stark dramatisierte Ereignisse abspielten, liegt den unsicheren Koalitionen und unbequemen Gesprächen, die wegen der Globalisierung gebildet und geführt werden, dieses dumpfe Gefühl zugrunde.

Worin genau besteht die besagte Neuartigkeit, und warum gelingt es vielen Intellektuellen nicht, sie besser zu verstehen? Meines Erachtens sind es drei miteinander verbundene Faktoren, die es schwer machen, die Globalisierung nach dem Vorbild früherer Staats- und Wirtschaftgeschichten zu begreifen. Der erste Faktor ist die Rolle, die das Finanzkapital (besonders in seinen spekulativen Formen) für die heutige Weltwirtschaft spielt. Es ist schneller, multiplikativer, abstrakter und dringt ungebremster in die Volkswirtschaften ein als je zuvor. Und da es in keinem direkten Verhältnis mehr zur Warenproduktion und zu anderen Formen produktiven Wohlstands steht, ist es im Prinzip ein Pferd ohne zurechnungsfähigen Reiter. Der zweite Grund hängt mit der besonderen Macht der informationstechnologischen Revolution zusammen: Die elektronischen Informationstechnologien sind integraler Bestandteil der neuen Finanzinstrumente, von denen viele eine technische Macht haben, die weit über die Protokolle zu ihrer Regulierung hinausgeht. Ganz gleich also, ob der Nationalstaat nun im Sterben liegt oder nicht – niemand kann behaupten, das Projekt der Volkswirtschaft (in dem erstmals von Friedrich List formulierten Sinne) lasse sich in der Praxis noch leicht verwirklichen. Folglich ist aufgrund bestimmter technischer Entwicklungen auch die nationale Souveränität zu einem ungewissen Projekt geworden. Drittens scheinen die mysteriösen oder geradezu magischen Formen des neuen Reichtums, die durch die elektronischen Finanzmärkte entstehen, selbst in den reichsten Ländern der Welt unmittelbar für die immer tiefer werdenden Gräben zwischen Reich und Arm verantwortlich zu sein.

Noch wichtiger aber ist, daß das rätselhafte Vagabundieren des Finanzkapitals von neuen Formen der Migration begleitet wird – sowohl von einer Migration der Eliten als auch von einer Migration der einfachen Arbeitskräfte –, die für viele Migranten auf dem Welt-Arbeitsmarkt zu unvorhergesehenen Identitätskonflikten führen: Sie sehen sich hin- und hergerissen zwischen ihrer Herkunft, ihrem Wohnort und ihren Zielen. Undichte Finanzgrenzen, mobile Identitäten, schnelllebige Kommunikations- und Transaktionstechnologien geben zusammengenommen – innerhalb nationaler Grenzen wie grenzüberscheitend – Anlaß zu Debatten mit neuem Gewaltpotential.

Den Problemen der Globalisierung und der Gewalt kann man sich auf unterschiedliche Weise nähern. Man könnte auf die Vereinigten Staaten blicken und sich fragen, ob das Wachstum der Gefängnisindustrie (und dessen, was manchmal als »Strafstaat« bezeichnet wird) mit der Dynamik regionaler Ökonomien in Zusammenhang steht, die aus humaneren Formen der Beschäftigung und der Wohlstandserzeugung verdrängt werden. Man könnte sich nach Indonesien wenden und fragen, warum es dort eine tödliche Zunahme der innerstaatlichen Gewalt zwischen eingeborenen Bevölkerungsgruppen und staatlich geförderten Migranten gibt. Man könnte den Fall Sri Lankas untersuchen und fragen, ob der endlose Bürgerkrieg tatsächlich etwas mit der globalen Diaspora von Tamilen zu tun hat, die solche Ergebnisse zeitigt wie das Online-Netzwerk von Tamil Eelam, eine Art von Sezession im virtuellen Raum (Jeganathan 1998). Man könnte sich von Tschetschenien über Kaschmir bis ins Baskenland und in vielen Teilen Afrikas über herkömmliche Unabhängigkeitsbewegungen Gedanken machen und fragen, ob deren Gewalt tatsächlich rein endogen bedingt ist. Man könnte nach Palästina schauen und fragen, ob die intime Gewalt des innerstaatlichen Kolonialismus heute nicht vielleicht so eng mit den Massenmedien und mit globalen Interventionen verknüpft ist, daß sie dazu verdammt ist, eine bleibende Institution zu werden. Man könnte das Kosovo oder den Irak zum Ausgangspunkt nehmen und fragen, ob denn der brutale Humanismus der NATO-Luftschläge die neueste Form einer biblischen Rache durch die bewaffneten Götter von heute darstellt. Oder man könnte sich mit den verängstigten Minderheiten in nationalen Räumen wie Palästina, Timor oder Sierra Leone identifizieren, die oft in euphemistisch als »Wohnviertel« oder »Flüchtlingslager« bezeichneten Gefangenenlagern leben, und nach der Gewalt von Vertreibung und Umsiedlung fragen.

All diesen Orten und Formen der Gewalt sind einige wesentliche, globale Faktoren gemeinsam: Die zunehmende, oftmals organisierte Gewalt gegen Frauen, notorisch durch das Taliban-Regime verkörpert, läßt sich auch in vielen Gesellschaften beobachten, die wie etwa die Vereinigten Staaten versuchen, den ersten Stein zu werfen, obwohl häusliche Gewalt auch dort nach wie vor ein großes Problem darstellt. Das Anwerben von Kindersoldaten, besonders in Afrika, doch auch in vielen anderen Bürgerkriegsgebieten, produziert Kriegsveteranen, die kaum den Zustand des Erwachsenseins, weniger noch den des Friedens kennengelernt haben. Als globalisierte Form der Gewalt gegen Kinder ist Kinderarbeit schlimm genug, der Zwang aber, sich in Bürgerwehren und militärischen Banden verdingen zu müssen, ist eine besonders schreckliche Form der vorzeitigen Gewaltinitiation. Und dann gibt es noch die tückischeren Formen von Gewalt, denen die Armen dieser Welt massenhaft ausgesetzt sind, wenn sie wegen riesiger Staudammprojekte oder wegen Slumsanierungsprojekten von ihrem Wohnort vertrieben werden. Als Opfer von Wirtschaftsembargos, Polizeigewalt, ethnischer Mobilisierung und Arbeitslosigkeit bekommen sie die Folgen der globalen Politik von Sicherheitsstaaten zu spüren. Die im Laufe des vergangenen Jahrzehnts erfolgte Schließung kleinerer Industriebetriebe in Delhi ist ein anschauliches Beispiel für die unheilige Allianz von ehrgeiziger Umweltschutzpolitik, korrupten Kommunalpolitikern und dem verzweifelten Gerangel um Jobs und Lebensunterhalt. Diese Umstände tragen dazu bei, daß Arme bisweilen gezwungen sind, sich intimer Gewalt auszusetzen, Teile ihres Körpers auf den globalen Organmärkten, ihre ganzen Körper in unsicheren Ländern als Hausangestellte oder ihre Töchter und Söhne als Sexarbeiter oder für andere traumatisierende Beschäftigungen zu verkaufen.

Wir wollen für einen Augenblick innehalten und einigen Einwänden gegen diese Überlegungen Rechnung tragen. Was hat diese Liste mit der Globalisierung an sich zu tun? Schlägt sie nicht einfach ein weiteres Kapitel in der Geschichte von Macht, Gier, Korruption und Exklusion auf, die es seit Menschengedenken gibt? Dieser Ansicht bin ich nicht. Viele der von mir angeführten Beispiele sind auf spezifische Art und Weise mit den Umbrüchen verbunden, die in der Weltwirtschaft seit den siebziger Jahren zu beobachten sind, mit den speziellen Kämpfen um indigene Rechte und nationale Souveränität, die sich wiederum dem Widerstreit der konkurrierenden Universalismen von Freiheit, Markt, Demokratie und Recht verdanken – einem Widerstreit, der zu früheren Zeiten einfach anders funktionierte als heute. Vor allem aber passen die genannten Beispiele gut zu der nachweislich vorhandenen Makrogewalt der vergangenen zwei Jahrzehnte, die man eindeutig als eine Zunahme innerstaatlicher Gewalt im Vergleich zur zwischenstaatlichen Gewalt interpretieren muß. Die Landkarten der Staaten und die der Kriege fügen sich also nicht mehr in das alte realpolitische Weltbild ein. Wenn wir uns dazu noch die globale Zirkulation von Waffen, Drogen, Söldnern, mafiösen Organisationen und anderen Utensilien der Gewalt hinzudenken, wird es schwierig, lokale Beispiele auf ihre lokale Bedeutung zu beschränken.

Von all diesen Kontexten der Gewalt, angefangen bei den intimsten (wie Vergewaltigung, körperlicher Verstümmelung oder Zerstückelung) bis hin zu den abstraktesten (wie erzwungener Migration oder Minorisierung), ist der weltweite Angriff auf Minderheiten aller Art am schwierigsten zu verstehen. In dieser Hinsicht ist jeder Staat (wie jede Familie) auf seine (bzw. ihre) eigene Art unglücklich. Warum aber beobachten wir praktisch auf der ganzen Welt einen völkermörderischen Impuls gegen Minderheiten, egal ob es sich bei ihnen um kulturelle oder politische Minderheiten handelt, ob sie aufgrund falscher ethnischer Zugehörigkeit, mangels richtiger Papiere oder einfach deshalb einer Minderheit angehören, weil sie durch ihre Anwesenheit an irgendeine Geschichte wechselseitiger Gewalt oder gegenseitigen Mißbrauchs erinnern? Dieses globale Muster erfordert gewissermaßen eine globale Antwort, und eine solche Antwort zu finden, habe ich mir in diesem Essay vorgenommen.

Die bereits vorhandenen Erklärungsansätze bringen uns nämlich nicht viel weiter. Haben wir es hier mit einem Kampf der Kulturen zu tun? Wahrscheinlich nicht, da viele dieser Formen von Gewalt innerhalb von Kulturen stattfinden. Scheitern hier Staaten an der Erfüllung der Weberschen Norm, ein Gewaltmonopol für sich zu reklamieren und aufrechtzuerhalten? Sicherlich zum Teil, doch auch dieses Scheitern bedarf ebenso wie das gleichzeitige weltweite Anwachsen »privater« Armeen, Sicherheitszonen, Berater und Bodyguards weiterer Erklärungen. Haben wir es mit einer weltweit grassierenden Betäubung unserer humanitären Reflexe zu tun, wie etwa Michael Ignatieff meint (2000), die auf die massenmediale Überflutung mit Bildern weit entfernter Kriege und Völkermorde zurückzuführen wäre? Das kann sein. Doch die Zunahme von Graswurzelkoalitionen, die sich weltweit für gesellschaftlichen Wandel, Gleichheit und Gesundheit einsetzen, legt nahe, daß die menschliche Fähigkeit zu Fern-Empathie bislang noch nicht erschöpft ist. Sind es die enormen Zuwächse eines globalen Waffenhandels, der Handfeuerwaffen und Kalaschnikows in einer endlosen und zwielichtigen Reihe von Abkommen mit dem offiziellen zwischenstaatlichen Handel mit Raketen, Panzern und Radarsystemen verbindet? Ja, das stimmt, doch auf diese Weise erfahren wir nur etwas über die notwendigen Bedingungen globaler Gewalt, nichts über die hinreichenden.

Oder befinden wir uns vielleicht mitten in einer riesigen weltweiten Korrektur im Sinne der Malthusschen Bevölkerungstheorie, die sich der Sprache der Minorisierung und Ethnisierung bedient, funktionell gesehen aber darauf abgestellt ist, die Welt unter Ausschluß des lästigen Lärms der Globalisierungsverlierer für die Gewinner der Globalisierung vorzubereiten? Ist dies eine riesige Art von »Ökonozid«, der weltweiten Tendenz (in ihrem Funktionieren keinen Deut fehlerfreier als der Markt), im großen Drama der Globalisierung das Verschwinden der Verlierer zu arrangieren? Fürwahr ein gruseliges, glücklicherweise aber recht unplausibles Szenario, da mittlerweile schließlich selbst die größten Verbrecher und Tyrannen der Welt die Sprache der Demokratie, der Würde und der Menschenrechte gelernt haben.

Was also haben Minderheiten an sich, daß sie in vielen Teilen der Welt offenbar Gewalt von so ungeahnter Form und so ungeahntem Ausmaß provozieren? Zunächst einmal können wir festhalten, daß sowohl Minderheiten als auch Mehrheiten Produkte einer durch und durch modernen Welt der Statistiken, Volkszählungen, Bevölkerungskarten und anderer staatlicher Instrumente sind, die es im großen und ganzen erst seit dem 17. Jahrhundert gibt. Minderheiten und Mehrheiten entstehen dort, wo die demokratischen Revolutionen des 18. Jahrhundert erfolgreich waren, so auch in den Satellitenräumen der kolonialen Welt, und zwar explizit im Kontext der sich entfaltenden Vorstellungen von Personengruppen, deren Umfang sich exakt berechnen läßt, von Repräsentation und Wahlrecht.

Minderheiten sind also eine soziale und demographische Kategorie jüngeren Datums, und sie rufen heutzutage neue Befürchtungen in bezug auf Rechte (Menschenrechte oder andere), auf Staatsbürgerschaft, auf Zugehörigkeit und Autochthonie und im Hinblick auf Ansprüche an den Staat (oder gegen sein phantomartiges Überbleibsel) hervor. Sie fordern dazu auf, die Verpflichtungen des Staates und die Grenzen der politischen Menschheit, welche in die ungemütliche Grauzone zwischen Staatsbürgern im eigentlichen Sinne und der Menschheit im allgemeinen fallen, auf neue Weise zu untersuchen. Es ist nicht überraschend, daß Menschen, die von anderen als unzulänglich betrachtet werden (wie z.B. Behinderte,

Alte und Kranke), oft zu den ersten Opfern von Marginalisierung oder Säuberungen gehören. Man sollte nicht vergessen, daß das nationalsozialistische Deutschland alle unter diese Kategorien fallenden Menschen (versinnbildlicht in der Gestalt des Juden) auszurotten trachtete.

Doch Minderheiten sind nicht präformiert. Sie werden unter den besonderen Bedingungen einer jeden Nation bzw. eines jeden Nationalismus produziert. Oft rufen sie unwillkürlich die Gewaltakte in Erinnerung, aus denen existierende Staaten hervorgingen, Zwangsrekrutierungen oder die im Zuge neuer Staatsgründungen erfolgten gewaltsamen Vertreibungen. Als machtlose Bezugsberechtigte staatlicher Leistungen oder als Verbraucher heftig umkämpfter nationaler Ressourcen erinnern sie auch an die Erfolglosigkeit verschiedener (sozialistischer, entwicklungspolitischer und kapitalistischer) staatlicher Projekte. Sie sind Embleme des Scheiterns und des Zwangs. Sie sind eine Schande für jedes vom Staat gepflegte Bild nationaler Reinheit und staatlicher Fairneß. Sie sind die klassischen Sündenböcke.

Welchen besonderen Status aber haben solche Sündenböcke im Zeitalter der Globalisierung? Fremde, Kranke, Nomaden, religiöse Dissidenten und ähnliche Minderheitengruppen waren immer schon Opfer von Vorurteilen und Fremdenfeindlichkeit. Ich möchte hier von einer simplen Hypothese ausgehen: Angesichts der in der Globalisierungslogik liegenden systematischen Beeinträchtigung nationaler wirtschaftlicher Souveränität und des wachsenden Drucks, der dadurch auf Staaten lastet, sich als Treuhänder der Interessen eines territorial definierten und begrenzten »Volkes« zu gerieren, erweisen sich Minderheiten in einer aus wenigen Megastaaten bestehenden Welt der ungeregelten Wirtschaftsströme und beeinträchtigten Souveränitäten für viele Staaten selbst als geeignete Projektionsflächen für ihre Ängste vor der eigenen (wirklichen oder phantasierten) zahlenmäßigen Unterlegenheit oder Marginalität. Minderheiten sind, mit anderen Worten, Metaphern für und Zeichen der Erinnerung an den Verrat am klassischen nationalen Projekt. Und es ist dieser – eigentlich im gebrochenen Versprechen des Nationalstaates, die nationale Souveränität zu gewährleisten, wurzelnde – Verrat, der weltweit der Tendenz Vorschub leistet, Minderheiten zu verdrängen oder zu beseitigen. So wird auch verständlich, warum oft Teile der Armee an innerstaatlichen Ethnoziden beteiligt sind.

Natürlich hat auch jeder Fall von innerstaatlicher Gewalt gegen Minderheiten seine eigene »realistische« Soziologie: steigende Ansprüche, grausame Märkte, korrupte Staatsorgane, arrogante Interventionen von außen und ein tiefsitzender Argwohn oder Haß zwischen nationalen Bevölkerungsgruppen, der nur darauf wartet, entfesselt zu werden. Doch aus diesen Elementen können wir nur die Charaktere des Dramas zusammenstellen. Nach seinem Drehbuch müssen wir an anderer Stelle Ausschau halten: Das Drehbuch – mit Regieanweisungen für die ganze Welt – entwickelt sich aus der gerechtfertigten Furcht, daß das Spiel, um das es in der Welt wirklich geht, aus den Netzen staatlicher Souveränität und zwischenstaatlicher Diplomatie ausgeschert ist.

Um zu verstehen, warum Minderheiten eigentlich weltweit diesem Muster zum Opfer fallen, können wir auf das klassische anthropologische Argument von Mary Douglas zurückgreifen, daß »Schmutz etwas ist, das fehl am Platz ist«; jede moralische oder soziale Taxonomie reagiert demzufolge allergisch auf alle Elemente, die ihre Grenzen verwischen (1966). Minderheiten, wie ich sie beschrieben habe – die Gebrechlichen, die Häretiker, die Behinderten, die Mobilen, die Illegalen und die im Raum des Nationalstaats Unwillkommenen –, verwischen die Grenzen zwischen »uns« und »ihnen«, zwischen hier und dort, dazugehörig und nicht dazugehörig, gesund und krank, loyal und illoyal; sie werden gebraucht, sind aber nicht willkommen. In dieser letzten Dualität liegt des Rätsels Lösung. Sosehr die »Minderheiten«-Gruppen in unseren nationalen Territorien auf die eine oder andere Weise auch gebraucht werden – und sei es nur, um unsere Toiletten zu putzen und unsere Kriege zu führen –, so wenig sind sie wegen ihrer anomalen Identitäten und Bindungen andererseits willkommen. In dieser doppelten Eigenschaft versinnbildlichen sie für viele Nationalstaaten das Grundproblem der Globalisierung: Sie ist ebenso notwendig (oder wenigstens unvermeidlich) wie unwillkommen. Sie ist ebensosehr ein Teil von uns (wir können sie, optimistisch betrachtet, besitzen, kontrollieren, benutzen), wie sie nicht zu uns gehört (wir können sie, pessimistisch betrachtet, vermeiden, ablehnen, ohne sie auskommen, sie verleugnen und abschaffen). So gesehen wird in der globalisierten Gewalt gegen Minderheiten eine tiefsitzende Angst um das nationale Projekt und dessen ambivalentes Verhältnis zur Globalisierung ausagiert. Als gesichtslose Macht kann die Globalisierung nicht Opfer eines Ethnozids werden, Minderheiten aber sehr wohl.

Allgemeiner gesprochen – und auf dieses Argument werde ich im vierten Kapitel ausführlicher eingehen – sind Minderheiten die Lunte an einem explosiven Cocktail aus Verunsicherungen, der sich zwischen dem Alltag und seinem schnell sich wandelnden globalen Hintergrund zusammenbraut. Wegen ihres gemischten Status schaffen sie Verunsicherung bezüglich des nationalen Selbst und der nationalen Staatsbürgerschaft. Ihr ambivalenter juristischer Status bringt Verfassungen und Rechtsordnungen unter Druck. Ihre Mobilität gefährdet die Sicherung der Grenzen. Ihre Finanzgeschäfte verwischen einerseits die klaren Grenzen zwischen Volkswirtschaften und andererseits den Unterschied zwischen legalen und kriminellen Geschäften. Ihre Sprachen nähren die Sorge um den nationalen kulturellen Zusammenhalt. Besonders in einer urbanen Gesellschaft bietet sich ihr Lebensstil für die Kanalisierung verbreiteter sozialer Spannungen an. Ihre Politik ist normalerweise multifokal und damit für Sicherheitsstaaten stets Anlaß zur Beunruhigung. Sind sie wohlhabend, dann beflügeln sie die Phantasie von einer Globalisierungselite, als deren Paria-Vermittler sie auftreten. Sind sie arm, dann bieten sie sich als Symbole für das Scheitern vieler Formen der Wirtschafts- und Sozialhilfe an. Und da fast alle Vorstellungen von Volk und Nation auf irgendeiner Idee der ethnischen Reinheit oder Einzigartigkeit und auf der verdrängten Erinnerung an Pluralität basieren, verwischen ethnische Minderheiten vor allem die Umrisse der nationalen Volksidentität. Diese Verunsicherung, die durch das Unvermögen vieler Staaten, im Zeitalter der Globalisierung die nationale ökonomische Souveränität zu garantieren, weiter gesteigert wird, kann sich in mangelnder Toleranz gegenüber jeder Art von kollektivem Fremden ausdrücken.

Normalerweise ist nur schwer zu ahnen, welche Minderheit in die undankbare Rolle des unglückseligen Fremden geraten wird. In einigen Fällen scheint es auf der Hand zu liegen, in anderen weniger. Der Grund dafür ist, daß Minderheiten, historisch gesehen, nicht vorgefunden, sondern gemacht werden. Bestimmte, bis dato unsichtbare Gruppen werden aufgrund besonderer Entscheidungen und Strategien, die oftmals staatliche Eliten oder politische Führer zu verantworten haben, als Minderheiten sichtbar gemacht und mit Rufmordkampagnen überzogen, die bis zum Ausbruch von Ethnoziden führen können. Eigentlich sind es also nicht die Minderheiten, die Gewalt provozieren, es ist vielmehr, gerade auf der nationalen Ebene, die Gewalt, die Minderheiten braucht. Um solche Minderheiten zu produzieren, müssen bestimmte Geschichten wiederbelebt, andere dem historischen Vergessen überantwortet werden. Dieser Prozeß erklärt, auf welch komplexe Art und Weise globale Probleme und Kämpfe in bestimmten Nationen und an bestimmten Schauplätzen allmählich »ihre Sprengkraft entfalten«, oft in Form einer sich explosionsartig entladenden Gewalt im Namen irgendeiner Mehrheit. Ein klassisches Beispiel ist der Prozeß, der die Sikhs in Indien allmählich zu einer problematischen Minderheit gemacht hat (Axel 2001). Dies war keine unmittelbare Folge einer bestimmten Bevölkerungspolitik, sondern basierte auf einem langen 20. Jahrhundert regionaler und nationaler Politik und nahm schließlich in den Unruhen von 1984, der Ermordung Indira Gandhis, der staatlichen Kampagne gegen vermeintliche Sikh-Separatisten und dem Massaker der Ausschreitungen von 1984 in Delhi und andernorts Gestalt an. Man könnte meinen, daß die massive Entfesselung von Staats- und Bürgergewalt gegen die Sikhs im Jahr 1984 diese tatsächlich als kulturelle und politische Minderheit hervorgebracht habe. Ihre terroristische Energie, die in Wahrheit sehr gering war, wurde nach diesen Ereignissen zum allgemeinen Dogma. In Laufe eines Jahrhunderts (manch einer würde sagen: im Laufe eines Jahrzehnts) verwandelte sich also eine Volksgruppe, die man als militanten Ausläufer der hinduistischen Welt betrachtet hatte, mindestens für die Zeit von 1984 bis 1994 zu einem ihrer gefährlichsten inneren Feinde.

Lassen Sie uns eine letzte Überlegung zu der Verbindung von Globalisierung und Gewalt gegen Minderheiten anstellen. Diese Verbindung zwingt uns zu der schwierigsten aller analytischen Aufgaben, nämlich dazu zu zeigen, wie sich Kräfte von großer Geschwindigkeit, großem Ausmaß und großer Reichweite (anders gesagt: der Globalisierungsprozeß), die in vielerlei Hinsicht sehr abstrakt sind, mit einer physischen Gewalt der intimsten Art zusammendenken lassen, die von der Vertrautheit alltäglicher Beziehungen, von nachbarschaftlicher Unterstützung und von privaten Bindungen geprägt ist. Wie kann der Freund den Freund umbringen, der Nachbar den Nachbarn oder gar ein Verwandter den anderen? Diese neuen Formen intimer Gewalt erscheinen in einer Zeit der schnellen Technologien, der abstrakten Finanzinstrumente, der über große Distanz ausgeübten Macht und der massenhaften Ströme von Techniken und Ideologien besonders rätselhaft.

Um den Schrecken des weltweiten Anwachsens intimer körperlicher Gewalt im Kontext zunehmender Abstraktion und Zirkulation von Bildern und Technologien irgendwie zu enträtseln, sollten wir überlegen, ob dieses Verhältnis vielleicht gar nicht so paradox ist, wie es scheint. Der Körper, besonders der minorisierte Körper, kann zugleich Spiegel und Instrument jener Abstraktionen sein, die wir am meisten fürchten. Minderheiten und ihre Körper sind schließlich das Produkt hochabstrakter Prozesse des Zählens, Klassifizierens und Überwachens von Bevölkerungsgruppen. Der Körper der historisch produzierten Minderheit vereint im Sozialen also die Verführungskraft des Vertrauten mit den Reduktionen des Abstrakten; in ihm lassen sich Ängste vor dem Globalen veranschaulichen und in allzu angstbesetzten Situationen durch seine Auslöschung beherrschen. Selbstverständlich müssen wir eine lange Reihe von Ereignissen und Prozessen verstehen lernen, um vom schwindelerregenden Spin des Globalen zur Inbrunst lokaler Gewalt zu gelangen. Folgende Möglichkeit aber sollten wir in Betracht ziehen: Daß der Versuch, den Strudel des Globalen in seiner scheinbar unbegrenzten Reichweite abzubremsen, auch impliziert, ihn im Körper des mißhandelten Vertreters einer Minderheit anzuhalten und klein zu machen. Aus dieser Perspektive dreht sich eine solche Gewalt nicht um alten Haß oder um Urängste. Sie ist der

Versuch, das Neue, das im Entstehen Begriffene und Ungewisse namens Globalisierung auszutreiben.

Besonders in liberalen Demokratien erweist sich das Verhältnis der Kategorien von Mehrheit und Minderheit als unbeständig und gleitend. Im folgenden Kapitel möchte ich genauer untersuchen, wie sich dieser Umstand hinsichtlich einer globalisierten Gewalt im einzelnen ausnimmt.

4. Die Furcht vor kleinen Gruppen

Der Haß auf Minderheiten in einer zunehmend globalen Welt hat etwas ganz und gar Rätselhaftes. Rätselhaft ist, warum die zahlenmäßig relativ kleinen Gruppen, die dem Wort »Minderheit« seine Bedeutung geben und normalerweise politische und militärische Schwäche implizieren, Minderheiten nicht davor bewahren, zum Gegenstand von Furcht oder Haß zu werden. Warum muß man die Schwachen töten, foltern oder in ein Ghetto sperren? Diese Frage hätte man in der Geschichte wohl immer wieder stellen können, um dem Problem ethnischer Gewalt gegen kleine Gruppen auf die Spur zu kommen (Hinton 2002). Hier möchte ich mich diesem Rätsel aber speziell im Hinblick auf unser Zeitalter der Globalisierung zuwenden, insbesondere für die Zeit seit den späten achtziger Jahren bis heute.

Die Furcht vor den Schwachen

Der historische Vergleich eignet sich sicher nicht für die gesamte Menschheitsgeschichte, denn Minderheiten und Mehrheiten sind eine Erfindung jüngeren Datums. Sie sind mit Vorstellungen von Nationen, Bevölkerungsgruppen, Repräsentation und Registrierung verknüpft, die nicht älter als einige hundert Jahre sind. Da die Techniken des Zählens, Klassifizierens und der politischen Teilhabe, die den Ideen von Mehrheit und Minderheit zugrunde liegen, allgemein mit dem modernen Nationalstaat in Verbindung gebracht werden, handelt es sich dabei heute zugleich um *universale* Vorstellungen.

Vor allem in der modernen politischen Theorie ist die Idee

einer Mehrheit der einer Minderheit weder vorgängig noch von dieser unabhängig. Mehrheiten sind ebensosehr das Produkt von Registrierung und politischer Zuschreibung wie Minderheiten. In Wirklichkeit sind sie existentiell auf Minderheiten angewiesen, mehr noch, als dies umgekehrt der Fall ist.

Wenn wir wissen wollen, warum man sich in so vielen ethnischen und nationalistischen Kontexten vor den Schwachen fürchtet, müssen wir uns noch einmal jene soziologischen Grundlagentexte vergegenwärtigen, die sich mit der »Wir/sie«-Thematik befassen. Hier gilt die Erzeugung kollektiver Anderer via Stereotypisierung und Kontrastierung von Identitäten normalerweise als Voraussetzung dafür, Grenzen setzen und die Dynamik des »Wir« abstecken zu können. Das Stereotyp, dieser wesentliche Bestandteil der Theorien des Sündenbocks und des Anderen, entstammt jener Variante des symbolischen Interaktionismus, die in den Arbeiten von Cooley und Mead (1964) formuliert wurde. Es ist aber ebenso wesentlich für den Kern des Freudschen Verständnisses der Gruppendynamik, die Freud u. a. in seinen klassischen Einlassungen über den Narzißmus der kleinen Differenzen entwickelt. Ich werde später in diesem Kapitel noch darauf zurückkommen.

Nun hat der symbolische Interaktionismus allerdings ein verkürztes Verständnis der »Wir«-Bildung. Er begreift sie als mechanisches Abfallprodukt des Prozesses, durch den die »sies« erzeugt werden – eines Prozesses, der eben mittels einfacher Gegensätze und scharfer Grenzen dazu beiträgt, die »Wir«-Identitäten zu festigen. Um die Bildung von »wirs«, von kollektiven Identitäten, wird in dieser Tradition nicht viel Aufhebens gemacht. Man betrachtet sie als eine soziologische Selbstverständlichkeit. In der klassischen Soziologie wiederum wird die Gruppenbildung sehr wohl als eigenständiger Prozeß untersucht, und zwar im Hinblick auf die Funktion, die etwa Konflikte (in der Tradition Simmels), die Religion (in der Tradition Durkheims) oder widerstreitende Interessen (in der Marxschen Tradition) für die Bildung kollektiver Identitäten spielen. Doch auch wenn solche Traditionen uns in der Regel etwas darüber verraten, wie kollektive Identitäten entstehen, helfen sie uns nicht weiter, wenn es um die Bildung dessen geht, was ich an anderer Stelle »aggressive Identitäten« genannt habe (2000a).

Aggressive Identitäten

Ich definiere Identitäten als aggressiv, wenn ihre soziale Konstruktion und Mobilisierung die Auslöschung verwandter sozialer Kategorien erfordert, die wiederum als Gefahr für die Existenz einer bestimmten, als »Wir« definierten Gruppe gelten. Aggressive Identitäten gehen periodisch aus Identitätspaaren hervor, manchmal aus Mengen von mehr als zwei Elementen, die eine lange Geschichte des engen Kontakts, der Vermischung und eines gewissen Maßes an wechselseitiger Stereotypisierung haben. Gewaltsame Übergriffe können, müssen aber nicht Teil dieser Geschichte sein. Kontrastive Identifikation aber ist in bestimmtem Umfang immer mit im Spiel. Eine dieser als Paar oder in Mengen auftretenden Identitäten wird aggressiv, wenn das Selbstverständnis der entsprechenden Gruppe mobilisiert wird, eine gefährdete Mehrheit zu sein. Eine solche Mobilisierung ist der entscheidende Schritt von einer gutartigen sozialen Identität zu einer aggressiven.

Die Umwandlung eines Ethnos in eine moderne Nation ist oftmals die Voraussetzung für die Entstehung aggressiver Identitäten, von Identitäten also, die beanspruchen, zum

Zwecke ihres eigenen Überlebens auf die Auslöschung einer anderen Gemeinschaft angewiesen zu sein. Aggressive Identitäten sind fast immer Mehrheitsidentitäten. Sie gründen sich auf Behauptungen über und Forderungen zugunsten einer gefährdeten Mehrheit. Häufig handelt es sich dabei um Ansprüche kultureller Mehrheiten, die versuchen, sich exklusiv oder erschöpfend mit der Identität der Nation zu verbinden. Manchmal werden diese Ansprüche im Namen religiöser Mehrheiten wie etwa der Hindus, der Christen oder der Juden formuliert, manchmal im Namen sprachlicher, rassischer oder anderer Mehrheiten wie etwa der Deutschen, der Inder oder der Serben. Das Selbstverständnis dieser mobilisierten Mehrheiten beinhaltet oft die Vorstellung, daß diese Mehrheit selbst zu einer Minderheit werden könnte, sofern eine andere Minderheit nicht verschwindet. Aus diesem Grund führen aggressive Gruppen oft pseudodemographische Argumente über die ansteigenden Geburtenraten der von ihnen zu Feinden erklärten Minderheit ins Feld. Aggressive Identitäten bilden sich also in Situationen, in denen Mehrheit und Minderheit Gefahr laufen, ihre Rollen zu tauschen. Diese innere Reziprozität wird sich noch als wesentliches Merkmal unserer Analyse herauskristallisieren.

Aggressive Identitäten entstehen im Spannungsfeld von Mehrheitsidentität und nationaler Identität. Wenn eine Identität von der objektiv größeren Gruppe eines nationalen Gemeinwesens beschworen wird und wenn diese Gruppe darüber hinaus versucht, die Lücke zwischen ihrer Mehrheit und der Reinheit des nationalen Ganzen zu schließen, dann kann man sie als »majoritär« bezeichnen. Das ist ein wesentliches Merkmal der Umstände, unter denen Identitäten aggressiv werden. Mehrheitsidentitäten, die erfolgreich das mobilisieren, was ich zuvor als *Angst vor der Unvollständigkeit* ihrer Souveränität bezeichnet habe, können aggressiv werden. Unvollständigkeit bezieht sich hier nicht nur auf effektive Kontrolle oder praktische Souveränität, sondern vor allem auf Reinheit und ihr Verhältnis zur Identität.

Im vorigen Kapitel habe ich auf Mary Douglas' Beiträge zum Thema der Reinheit und der kategorischen Identität verwiesen. Ihre Einsichten lassen sich dahingehend erweitern, daß aggressive Identitäten, besonders wenn sie mit einem Mehrheitschauvinismus (*majoritarianism*) einhergehen, in einem Zwischenraum gedeihen, der das Gefühl, numerisch in der Mehrheit zu sein, von der Phantasie nationaler Ganzheit und Reinheit trennt. Aggressive Identitäten gehen, mit anderen Worten, aus Situationen hervor, in denen die Idee nationaler Volkszugehörigkeit erfolgreich auf das Prinzip ethnischer Einzigartigkeit reduziert wurde, so daß die Existenz einer noch so kleinen Minderheit innerhalb der nationalen Grenzen als unerträgliche Verunreinigung des nationalen Ganzen empfunden wird. Unter solchen Umständen ist schon die Vorstellung frustrierend, eine Mehrheit zu sein, da sie eine Art ethnischer Zerstreuung der nationalen Volkszugehörigkeit impliziert. Da Minderheiten diesen kleinen, aber frustrierenden Mangel zu Bewußtsein bringen, lassen sie den Wunsch nach Reinigung aufkommen. Hier haben wir ein wesentliches Motiv dafür, warum kleine Gruppen wütend machen: Kleine Gruppen stellen ein winziges Hindernis auf dem Weg von der Mehrheit zur Totalität oder absoluten Reinheit dar. In gewissem Sinne gilt: Je kleiner die Gruppe und je schwächer die Minderheit, desto rasender die Wut darüber, daß sie der Mehrheit das Gefühl zu geben vermag, lediglich eine Mehrheit und nicht das ganze, unangefochtene Ethnos zu sein.

Im 20. Jahrhundert war natürlich die – besonders, aber nicht ausschließlich gegen Juden gerichtete – nationalsozialistische Mobilisierung des »Deutschtums« das auffälligste

Beispiel für ein solches Gefühl frustrierter Reinheit. Viele Wissenschaftler haben nachdrücklich gezeigt, daß gerade die assimilierten jüdischen Mitglieder des deutschen Bürgertums bis lange nach der Machtergreifung glaubten, sie seien in einem vollkommen zweitrangigen Sinne jüdisch und in jeder wesentlichen Hinsicht ganz und gar deutsch. Andererseits darf man annehmen, daß der Antisemitismus nicht etwa eine dauerhafte, unwandelbare, national kodierte Eigenschaft des deutschen Volkes war, sondern mittels massiver politisch-rassistischer Propagandakampagnen, die Juden zu Nicht-Deutschen oder Feinden der Deutschen abstempelten, regelmäßig mobilisiert und zu neuem Leben erweckt werden mußte. Im Vergleich zu früheren Formen der religiösen oder sozialen Stereotypisierung gelten der wissenschaftliche Rassismus und die ihn begleitenden eugenischen und demographischen Vorstellungen oft als spezifischer Beitrag der Nazis zur vielschichtigen Tradition des europäischen Antisemitismus.

Selbst Daniel Goldhagen, der im übrigen ein erstaunlich rassistisch gefärbtes Bild der Identität »normaler Deutscher« entwirft (1996), gibt zu, daß die Nazis zur Definition und Mobilisierung des Deutschtums als der Identität einer – vor allem durch das »Krebsgeschwür« der Juden (auch eine Nazi-Metapher) – gefährdeten Mehrheit entscheidende Elemente hinzugefügt haben. Unabhängig davon, wie wir Goldhagens Argument über die massenhafte Mobilisierung eines »eliminatorischen Antisemitismus« unter normalen Deutschen zu bewerten haben, liegt die größte Schwäche des Buches in der Verweigerung, seine eigenen Ergebnisse anzuerkennen: Es gab nicht so sehr eine tiefe, ursprüngliche und festsitzende Form des Antisemitismus unter allen Deutschen, die von den Nazis nur erfolgreich für den Plan der vollständigen Judenvernichtung in Dienst genommen werden mußte. Vielmehr bedurfte es einer ungeheuren Kraftanstrengung, um aus den vielen deutschen Nationalisten Werkzeuge der »Endlösung« zu machen.

Der riesige Apparat der nationalsozialistischen Medien und Masseninszenierungen, die unermüdliche Zirkulation einer rassistischen Propaganda und der von Staats wegen verbreiteten Gerüchte sowie der sich selbst bewahrheitenden Darstellungen (in denen die erniedrigte jüdische Bevölkerung als Beweis für die untermenschlichen Eigenschaften der Juden herhalten mußte) gehörten zu den Meisterleistungen aktiver ideologischer Manipulation. Sie könnten alleine schon als Beweis dafür gesehen werden, welche Mühen es kostete, einen nationalen Konsens für die antijüdische Politik als ideologische Basis des Dritten Reiches zu schmieden. Man könnte auch behaupten, daß die Beteiligung von Zivilisten an Polizeibataillonen, Konzentrationslagern und Todesmärschen, an der Maschinerie der »Endlösung« also, selbst eines jener massiven politischen Performative war, das Juden zu Untermenschen machte und die unmittelbar beteiligten Deutschen durch ihre Gewaltakte an den Konsens, die Juden seien der nationale Abschaum, band.

Es gibt noch vieles über den Antisemitismus der Nazis und allgemeiner über das nationale Projekt des Nationalsozialismus zu sagen. Eines aber ist für unseren Zusammenhang entscheidend: Nachdem man das Projekt des Deutschtums in Begriffen der Ethnie oder Rasse definiert hatte und nachdem die Logik der Reinheit ins Spiel gekommen war, wurden eine ganze Reihe von Minderheiten zum Stein des Anstoßes für das Gefühl unvollkommener Reinheit: Homosexuelle, Alte und Kranke, Zigeuner und vor allem Juden. In der Nazi-Propaganda stellten Juden unterschiedliche Formen der sozialen, politischen und wirtschaftlichen Bedrohung dar. Vor allem aber wurden sie als Krebsgeschwür verunglimpft, als Problem für die Reinheit des arischen deutschen Blutes, für das fast vollkommene Projekt eines national reinen und unbefleckten Ethnos. Die von den Nazis mobilisierte deutsche Identität verlangte die vollständige Eliminierung der Juden aus dem deutschen Gesellschaftskörper. Und da die Nazis die deutsche Weltherrschaft anstrebten, galt es, die Juden weltweit zu eliminieren.

Der nationalsozialistische Plan, diverse Minderheiten von der Erdoberfläche zu tilgen, gibt weiter Auskunft darüber, wie sich aggressive Identitäten mobilisieren lassen. In diesem Fall eines planmäßigen Völkermordes wurden vielleicht erstmals in der Menschheitsgeschichte zwei widersprüchliche Impulse mobilisiert. Zunächst einmal gab es die mechanische, technologische und bürokratische Seite des Vorhabens, die Hannah Arendt mit ihrer denkwürdigen Formulierung von der »Banalität des Bösen« eingefangen hat (1964). Zweitens aber gab es die Erniedrigung, den Mißbrauch und die entsetzliche intime Gewalt, die von deutschen Soldaten, Rekruten, Lageraufsehern, Milizionären und normalen Bürgern auf allen Ebenen und an jedem Ort der »Endlösung« verübt wurden. Dies ist die widersprüchliche Intimität, die aggressive Identitäten erzeugen. Dieser Widerspruch läßt sich eventuell durch die Überlegung auflösen, daß die Degradierung bestimmter Bevölkerungsgruppen auf den Status von Untermenschen die Arbeit des Massenmords erleichtert. Denn sie schafft Distanz zwischen Mördern und Mordopfern und liefert einen tautologischen Beweis für die ideologische Vorstellung, die Opfer seien einerseits Untermenschen, Ungeziefer, Insekten, Abschaum, Abfall, andererseits ein krebsartiger Teil des hochgeschätzten Volkskörpers.

Doch mit der Erniedrigung, die oftmals Teil völkermörderischer Massengewalt ist, hat es noch mehr auf sich. Ich gehe davon aus, daß gerade die Geringfügigkeit des Abstands zwischen nationaler Totalität und anwesenden Minderheiten

Angst vor Unvollständigkeit provoziert und damit die Enttäuschung und die Wut hervorruft, die jene Formen von Erniedrigung antreiben, die uns – vom nationalsozialistischen Deutschland bis Ruanda, vom Kosovo bis Mumbai – am meisten schockieren. Auf einige Aspekte des hieran beteiligten Narzißmus der kleinen Differenzen möchte ich weiter unten in diesem Kapitel zurückkommen.

Der Nationalsozialismus mag uns wie ein Extremfall vorkommen, der mit jüngeren, liberalen Mehrheitschauvinismen wie unter anderem in Indien, Pakistan, Großbritannien oder Deutschland wenig gemein hat, weil letztere der sozialen Differenz gegenüber aufgeschlossener sind, als es die Nazis waren. Die Hindutva-Ideologie in Indien beispielsweise, die »Söhne der Erde«-Ideologie in Malaysia oder verschiedene Staatsbürgerschaftsideologien in Europa könnten als liberale Mehrheitschauvinismen angesehen werden, mit anderen Worten als Mehrheitschauvinismen, die inklusiv zu sein versuchen. Unterscheiden sich diese Mehrheitschauvinismen grundsätzlich von den »totalitären«, wie sie die Nazis in Deutschland in den dreißiger und vierziger Jahren errichteten? Meines Erachtens tragen alle Mehrheitschauvinismen den Keim des Völkermords in sich, da sie ausnahmslos mit Vorstellungen der Einzigartigkeit und Vollständigkeit des nationalen Ethnos verbunden sind.

Die schwierige Frage ist, wie und unter welchen Bedingungen liberale Mehrheitschauvinismen illiberale Züge annehmen, so daß die Gefahr eines Völkermords droht. Was führt dazu, daß das Gefühl der unvollkommenen nationalen Reinheit für die Bildung einer aggressiven Identität in Dienst genommen wird? Eine Antwort auf diese Frage kann man nach zwei Richtungen suchen, ohne allzuweit auf das Feld der empirischen Forschung zu geraten. Einerseits könnte man behaupten, die liberale Theorie stehe der Legitimität von

Kollektiven als politischen Akteuren grundsätzlich ambivalent gegenüber und sei folglich immer in Gefahr, sich von qualitativen Argumenten manipulieren zu lassen, die als quantitative Argumente ausgegeben werden. Diesem Ansatz werde ich weiter unten in diesem Kapitel nachgehen.

Die zweite Antwort auf die Frage, wann das Gefühl unvollkommener Reinheit auf einen Völkermord zusteuert, ist eher allgemein historisch und tastend. Zu den historischen Bedingungen für einen solchen Wandel oder Umschlag scheinen unter anderem folgende Faktoren zu gehören: Die Tatsache, daß ein Staat unter die Kontrolle von Parteien oder anderen Gruppierungen gerät, die sich politisch einer rassistisch gefärbten nationalistischen Ideologie verschrieben haben; das Vorhandensein von Volkszählungsinstrumenten und -techniken, durch die sich bestimmte registrierte Gemeinschaften darin bestärkt sehen können, zum Maßstab für die Idee von Gemeinschaft an sich zu werden; die Wahrnehmung, es gebe ein Mißverhältnis zwischen politischen Grenzen und den Siedlungsgebieten bestimmter Bevölkerungsgruppen, die ein gespanntes Interesse an politisch vernachlässigten ethnischen Verwandten oder an ethnisch Fremden weckt, die behaupten, zu den eigenen Verwandten zu zählen; die erfolgreiche Mobilisierung numerischer Mehrheiten durch Angstkampagnen, die sie davon überzeugen, sich in der Gefahr zu befinden, von Minderheiten zerstört zu werden, die wissen, wie sie das Recht (und den gesamten Apparat liberaldemokratischer Politik) für ihre eigenen Ziele einsetzen. Diesen Elementen fügt die Globalisierung ihre besonderen Kräfte hinzu, von denen am Ende des Kapitels noch die Rede sein soll. Diese Liste möglicher Faktoren ist längst nicht vollständig, ihr Vorliegen erlaubt auch keinerlei Vorhersagen. Ich möchte damit lediglich darauf hinweisen, daß das nationalsozialistische Projekt sowohl in seiner (ideologischen) Geschlossenheit als auch in seiner genozidalen Einbildungskraft sicher außergewöhnlich war. Als Beispiel eines aggressiv gewordenen Mehrheitschauvinismus kann es uns jedoch nicht in der Sicherheit wiegen, der Liberalismus sei gegen jene Umstände immun, die zu einem Völkermord der Mehrheit an einer Minderheit führen. Daß diese Gewißheit trügt, läßt sich an den Ereignissen ablesen, die sich in den vergangenen zwei Jahrzehnten in Indien zugetragen haben.

Der Fall des Nationalsozialismus führt uns sicherlich vor Augen, wie sich aggressive Identitäten bilden und daß die reflexive Theorie des Anderen, die Sündenböcke (oftmals Minderheiten) als funktionale Bedingung für die Entwicklung eines Wir-Gefühls ansieht, recht mechanisch und damit nur ein Teil der Wahrheit ist. Die Mobilisierung eines Wir-Gefühls, insbesondere in der starken Form, die ich als aggressiv bezeichnet habe, ist abhängig von der Spannung zwischen Vorstellungen der heiligen Ganzheit des nationalen Demos einerseits und der statistischen Idee einer Mehrheit andererseits. Mehrheitschauvinismen gedeihen dort, wo Mehrheiten von Phantasien nationaler Reinheit erfaßt werden, in jener Zone, in der Quantität auf Qualität trifft – sie aber nicht gänzlich definiert. Dieser Zusammenhang öffnet den Blick für einen weiteren Aspekt des Problems kleiner Gruppen, nämlich für die Verbindung zwischen Anzahl, Quantität und Möglichkeiten der politischen Einflußnahme.

Zahlen und die liberale Einbildungskraft

Die rein quantitative Größe einer Gruppe hat in der liberalen Gesellschaftstheorie einen ambivalenten Status, das Verhältnis von Zahlen zu Kategorien steht heute im Zentrum großer Spannungen zwischen der liberalen Gesellschaftstheorie und demokratischen Normen. Das Thema der Mehrheiten in modernen Nationalstaaten erlaubt es uns, diesen Spannungen neue Aspekte abzugewinnen. In gewisser Hinsicht ist die Eins, das numerische Zeichen des Individuums, für die liberale Gesellschaftstheorie die ausschlaggebende Zahl. Insofern das Individuum das normative Herzstück des Liberalismus ist und selbst für konkurrierende Liberalismen eine gemeinsame Basis darstellt, ist die Eins die kleinste signifikante Menge für den Liberalismus. Als kleinste ganze Zahl besitzt die Eins eine Reihe von Eigenschaften, die Mathematiker interessieren; für die liberale Gesellschaftstheorie aber ist sie neben der Null eigentlich die einzige Zahl, die zählt. Die Null ist fast ebenso wichtig, weil sie das Mittel zur Umwandlung ganzer Zahlen in Mengen von Hunderten, Tausenden, mehreren Millionen usw. bildet. Die Null ist mit anderen Worten der numerische Schlüssel zur Idee der Massen – einer Kategorie, an der sich liberale und demokratische Geister scheiden. Dem Vernehmen nach soll Lenin gesagt haben: »Politik findet dort statt, wo es Massen gibt, nicht Tausende, sondern Millionen, dort erst beginnt ernsthafte Politik.« (vgl. Merton und Sills 2001)

In der liberalen Theorie hingegen werden große Gruppen oft als Ansammlungen von Individuen konzipiert (d. h. als unendliche Summen von Einsen). Wichtige Vertreter der utilitaristischen Richtung der liberalen Theorie von Bentham bis Rawls haben versucht, sich das Gemeinschaftsleben so vorzustellen, als organisiere es sich um Formen der kollektiven Entscheidungsfindung herum, die das Individuum bevorzugen. Auf diese Weise gehen liberale Denker im Hinblick auf Theorien der Repräsentation, des Allgemeinwohls und der Sozialwissenschaft davon aus, daß sich Ansammlungen von Individuen durch die Addition großer Mengen von Einsen konstituieren. Anders ausgedrückt: Den wichtigsten

Schulen der liberalen Theorie zufolge läßt sich das Auftreten von Kollektiven als Ansammlung singulärer Interessen und der notgedrungenen Kooperation zwischen einzelnen Akteuren erklären. Dies ist natürlich nur eine Reformulierung der für die neoklassische Ökonomie typischen Darstellung von Marktmodellen und des ihnen zugrundeliegenden Gesellschaftsbilds. In diesem Sinne denkt die liberale Theorie Kollektive als soziale Formen, deren Logik, Motive und Dynamiken sich stets von irgendeiner Methode zum Verständnis der Ansammlung interessengeleiteter Individuen ableiten lassen.

Das liberale Denken hatte mit der Demokratie von Anfang an das Problem, daß diese die politische Legitimität der großen Zahl beförderte. Der scharfe Gegensatz von Volk und Massen hängt in der liberalen Theorie an der Frage, was aus der Zahl Eins wird, wenn man ihr viele Nullen hinzufügt. Die Idee der Massen (wie z. B. in Ortega y Gassets Klassiker *Der Aufstand der Massen*) wird in der liberalen Theorie mit großen Mengen von Menschen in Verbindung gebracht, denen die im Individuum, in der Zahl Eins, verankerte Vernünftigkeit abhanden gekommen ist. Massen werden immer als Ausgangspunkt und Folge von Faschismus und Totalitarismus angesehen, beides aufgrund des Eindrucks, sie bestünden aus Nicht-Individuen (oder aus Individuen, die die Fähigkeit verloren hätten, ihren rationalen Interessen zu folgen) und man habe es mit einem Kollektiv zu tun, das von äußeren Kräften ferngesteuert werde – etwa von einem Staat, einem Diktator oder einem Mythos, der nicht das Ergebnis deliberativen Handelns zwischen Individuen ist. Das Lenin-Zitat erfaßt genau, warum sich die liberale Theorie vor großen Gruppen fürchtet. Wegen dieser potentiellen Affinität zwischen großen Gruppen und der Geburt von Massen wurde die liberale Theorie zu Recht als Furcht vor großen Zahlen charakterisiert. So weit scheint alles intuitiv klar zu sein. An welchem Punkt aber tritt die Furcht vor *kleinen* Zahlen auf den Plan?

Mit Ausnahme der Eins, die eine Besonderheit darstellt, sind kleine Zahlen für die liberale Gesellschaftstheorie aus verschiedenen Gründen beunruhigend. Zunächst einmal werden kleine Zahlen mit Oligopolen, Eliten und Gewaltherrschaft in Verbindung gebracht. Sie legen die Möglichkeit dessen nahe, was heutzutage als »elite capture« bezeichnet wird, also als die Gefahr, Eliten könnten sich die Kontrolle über Ressourcen, Privilegien und die Kanäle und Foren aneignen, über die soziale Interessen und Konflikte thematisiert und ausgehandelt werden. Kleine Gruppen sorgen auch deshalb für Unruhe, weil sie das Gespenst der Verschwörung, der Zelle, des Spions, des Verräters, des Dissidenten oder des Revolutionärs auf den Plan rufen. Kleine Gruppen signalisieren den Einbruch des Privaten in die öffentliche Sphäre und die damit zusammenhängenden Gefahren des Nepotismus, der geheimen Absprachen, der Subversion und des Betrugs. In ihnen lauern Heimlichkeit und Verschwiegenheit – die großen Bedrohungen der für die liberale Idee vernunftgeleiteter Kommunikation und offener Deliberation so grundlegenden Ideale von Öffentlichkeit und Transparenz.

Allgemeiner gesagt: Kleine Gruppen bringen immer die Möglichkeit mit sich, daß, wie es im liberalen Jargon der Vereinigten Staaten heißt, »special interests«, also die egoistischen Interessen bestimmter Gruppen, in irgendeinem Sinne das »Allgemeinwohl« gefährden könnten, von dem man glaubt, man könne ihm am besten dadurch dienen, daß Individuen als Individuen mit *allen anderen Individuen* des Gemeinwesens auf dem Weg eines durchschaubaren Repräsentationsmechanismus beratschlagen oder verhandeln.

Minderheiten sind die einzige Verkörperung kleiner Gruppen, die in der liberalen Phantasie eher Sympathie als Mißtrauen wecken, weil sie nämlich quantitative Kleinheit implizieren, deren Paradefall die Zahl Eins, also das Individuum, ist. Sobald das liberale Denken eng mit Wahldemokratie und deliberativen Gesetzgebungsverfahren verknüpft wird, gewinnt die Idee der Minderheit großes Gewicht (wie an der großen Rücksicht deutlich wird, die das amerikanische Verfassungsgericht auf Minderheitenmeinungen nimmt). Und tatsächlich ist die Idee einer Minderheit ihrer politischen Genealogie zufolge keine ethische oder kulturelle Idee, sondern eine prozedurale, die mit abweichenden Meinungen in den deliberativen oder gesetzgebenden Kontexten eines demokratischen Systems zusammenhängt. Das positive Interesse an Minderheiten und ihren Standpunkten ist in der Geschichte der liberalen Theorie insofern stärker an die Bedeutung der abweichenden Meinungen als an die der Differenz gekoppelt. Diese Unterscheidung trägt wesentlich dazu bei, die heutige Furcht vor Minderheiten zu verstehen. Wir wollen sie eingehender betrachten.

Abweichende Meinungen und Differenz

Der positive Wert, der Minderheiten in der liberalen Theorie des Westens ursprünglich beigemessen wird, ist im wesentlichen prozedural bestimmt. Er hat mit dem Respekt vor der vernunftgeleiteten Argumentation zu tun, mit dem Recht auf eine abweichende Meinung, mit der Bedeutung einer abweichenden Meinung als Zeichen für den umfassenderen Wert der Meinungs- und Redefreiheit und mit der Freiheit, abweichende Meinungen in öffentlichen Belangen ohne Angst vor Strafe zu äußern. An der Verfassung der Vereinigten Staaten läßt sich vielleicht am besten ablesen, welch zentrale Bedeutung die abweichende Meinung für die Idee der Freiheit besitzt. Doch sollten wir den Verlauf der Geschichte nicht umkehren und eine relativ junge Entwicklung, die sich als *substantiell* abweichende Meinung bezeichnen ließe (etwa das Recht, sogar moralisch abscheuliche Meinungen zu äußern, das Recht, die staatliche Politik zu kritisieren, oder das Recht, die religiösen Anschauungen der Mehrheit in Frage zu stellen), an die Stelle der als *prozedural* zu bezeichnenden Meinungsabweichung setzen, die den ursprünglichen Hintergrund für die Wertschätzung von Minderheiten und insbesondere von Minderheitenmeinungen bildet. Das entscheidende Stichwort ist hier das der Meinung: Prozedurale Minderheiten sind nämlich keine kulturellen oder sozialen Minderheiten, sondern temporäre, ausschließlich auf Meinungen beruhende Minderheiten. Dagegen sind soziale und kulturelle Minderheiten – Minderheiten, die wir substantiell nennen können – dauerhafte Minderheiten. Sie sind nicht mehr lediglich prozedural, sie sind zu einer sozialen Größe geworden.

Wenn wir einen Blick auf die Geschichte der westlichen Gesetze und Ideen werfen, die Minderheiten betreffen, so entwickeln sie ihre ganze liberale Kraft erst in den verschiedenen Menschenrechtskonventionen, die (zum Teil lange) nach Gründung der Vereinten Nationen verabschiedet wurden. Natürlich gab es auch vor 1945 vereinzelte Vorstellungen zum Schutz von Minderheiten, doch erst als der Menschenrechtsgedanke in der zweiten Hälfte des 20. Jahrhunderts zum wichtigsten Argumentationsmaßstab für internationale Vereinbarungen über die grundlegenden Rechte aller Menschen wurde, gerieten substantielle soziale Minderheiten in vielen Demokratien in den Fokus verfassungsrechtlicher und politischer Überlegungen. Unter dem Oberbegriff der Menschenrechte billigte man auch den Minderheitenrechten in dieser Zeit hohen moralischen Kredit zu und machte sie in unterschiedlichen nationalen Kontexten zum Ausgangspunkt für wichtige juristische und verfassungsrechtliche Auseinandersetzungen um Staatsbürgerschaft, Gerechtigkeit, politische Partizipation und Gleichheit.

Der Prozeß, im Zuge dessen soziale und kulturelle Minderheiten nach allgemeinem Verständnis zu Trägern wirklicher oder potentieller Rechte avancierten, verschleiert eine theoretisch unbedachte, wenn nicht gar unvorhergesehene Verschiebung der normativen Wertschätzung von prozeduralen und temporären auf substantielle Minderheiten, die dadurch oft zu dauerhaften sozialen und kulturellen Kollektiven wurden.

Diese unbeabsichtigte Verlagerung des liberalen Bestrebens, die Meinungen prozeduraler Minderheiten zu schützen (etwa von Minderheiten in Gerichten, Gremien, Parlamenten und anderen deliberativen Organen), hin zu Rechten dauerhafter kultureller Minderheiten ist ein wichtiger Grund für die ambivalente Haltung, die man in ganz unterschiedlichen Demokratien Minderheiten gegenüber eingenommen hat. Die vielen Diskussionen um Multikulturalismus in den Vereinigten Staaten und in Europa, um untergeordnete Nationalitäten in verschiedenen Teilen der ehemaligen Sowjetunion, um »Söhne der Erde« in vielen asiatischen Ländern, um »Autochthonie« in vielen Regionen Afrikas und um die Rechte »indigener Völker« in ganz Lateinamerika, in Neuseeland, Kanada, Australien oder Hawaii unterscheiden sich gewiß in vielerlei Hinsicht. Sie alle aber teilen die gemeinsame Sorge um die Rechte kultureller Minderheiten im Verhältnis zu Nationalstaaten und zu diversen kulturellen Mehrheiten, und stets sind sie mit Kämpfen um kulturelle Rechte in ihrem Verhältnis zur nationalen Staatsbürgerschaft oder zu Fragen der Zugehörigkeit verbunden. Vielfach standen diese Debatten unmittelbar in Zusammenhang mit der Entstehung aggressiver Identitäten und mit erfolgreichen Versuchen, Mehrheiten für ethnische Säuberungen oder Völkermorde zu mobilisieren. In den achtziger und neunziger Jahren verschärften sich diese Konflikte. Dabei hatten viele Nationalstaaten gleichzeitig mit zwei Schwierigkeiten zu kämpfen: Zum einen wollten sie ihre Märkte für ausländische Investitionen, Waren und Bilder öffnen, zum anderen aber wollten sie ihre kulturellen Minderheiten möglichst daran hindern, in der globalisierten Sprache der Menschenrechte eigene Forderungen nach kultureller Achtung und Anerkennung durchzusetzen. Diese doppelte Schwierigkeit war kennzeichnend für die neunziger Jahre und führte in vielen Ländern zu einer Krise, die sich auf nationale Grenzen, nationale Souveränität und die Reinheit des nationalen Ethnos bezog und unmittelbar für das Anwachsen majoritärer Rassismen in so unterschiedlichen Gesellschaften wie Schweden, Indonesien, Rumänien, Ruanda oder Indien verantwortlich war.

Muslime in Indien: Beschwichtigungspolitik und Reinheit

Der Fall Indiens bietet wichtiges Anschauungsmaterial für meine Unterscheidung zwischen prozeduralen und substantiellen Minderheiten. Der indische Nationalstaat entstand 1947 durch eine politische Teilung, die auch Pakistan als neuen Nationalstaat hervorbrachte – gedacht als politische Heimat für die in Britisch-Indien lebenden Muslime. Um die Geschichte der Teilung, die Politik, die zu ihr geführt hat, und die bizarre Geographie, die daraus hervorgegangen ist (mit Ost- und Westpakistan, die von 1947 bis 1973 ein unabhängiges Indien umklammerten, bis es Ostpakistan schließlich gelang, sich von Westpakistan loszusagen, wodurch an Indiens Ostgrenze Bangladesch als neuer Staat entstand), wurden seit je erbitterte wissenschaftliche Debatten geführt. Ich möchte in diesem Zusammenhang lediglich darauf hinweisen, daß diese Politik Indien und Pakistan in einen permanenten Kriegszustand versetzte, die scheinbar nicht beizulegende Kaschmirkrise auslöste, ein Alibi für die Identifikation der muslimischen Bürger Indiens mit dessen benachbartem Hauptfeind Pakistan schuf und die Grundlage für Indiens heutige Krise des Säkularismus hervorbrachte.

Es würde zu weit führen, hier detailliert auf die Geschichte dieser Krise einzugehen. Bemerkenswert ist allerdings: In dem Maße, wie der Hinduismus und die ihn instrumentalisierenden Politiker im Zuge des 19. und 20. Jahrhunderts eine Kulturpolitik entwickelten, wurde durch die Gründung Pakistans eine neue Verbindung zwischen einem hinduistischen Wir-Gefühl, dem verfassungsrechtlichem Bemühen um Minderheitenrechte und dem Aufstieg einer großen hinduistischen Koalition geschaffen, die schließlich in den neunziger Jahren die Macht eroberte. Diese Koalition aus politischen Parteien und verschiedenen ihr nahestehenden sozialen Bewegungen (manchmal »Sangh Parivar« genannt) kam praktisch zeitgleich mit dem Druck der Globalisierung über Indien. Anfang und Ende ihrer Regierungszeit werden von zwei der schrecklichsten Angriffe begleitet, die in Indien seit den Massakern in der Zeit der Teilung auf Muslime verübt wurden: von der Zerstörung der nordindischen Babri-Moschee im Jahr 1992, die in ganz Indien von einer Welle genozidaler Ausschreitungen gegen die muslimische Bevölkerung begleitet war, und den antimuslimischen Pogromen 2002 im Bundesstaat Gujarat an der Grenze zu Pakistan. Im Laufe dieser zehn Jahre erlebte Indien auch, wie eine Reihe öffentlicher Ansichten zum nationalen Gedankengut wurde. So wandten sich etwa Indiens gebildete und ehemals liberale Mittelklassen von den inklusiven, pluralistischen und säkularen Idealen der indischen Verfassung ab, die vor allem Indiens charismatischer erster Premierminister Nehru verkörpert hatte. Statt dessen gelang es der von der Indischen Volkspartei (der Bharatiya Janata Partei oder BJP) geführten Koalition aus verschiedenen politischen Parteien und Graswurzelbewegungen, im Bewußtsein der indischen Bevölkerung eine Verbindung zwischen den Demütigungen, die Hindus noch vor der englischen Kolonialzeit von seiten der muslimischen Herrscher Indiens erfahren hatten, dem zweifelhaften Patriotismus der muslimischen Bürger Indiens, dem bekannten Wunsch Pakistans, Indien militärisch zu vernichten, und der Zunahme von Anschlägen muslimischer Terroristen im umkämpften Staat Kaschmir herzustellen.

Wissenschaft und Medien haben sich intensiv mit der erstaunlichen Geschichte befaßt, in deren Verlauf aus der größten konstitutionellen Demokratie der Welt, die einmal großen Wert auf religiöse Inklusion, säkulare Toleranz gegenüber religiöser Differenz und den Schutz der »schwächeren Teile« der Gesellschaft gelegt hatte, binnen 40 Jahren nach ihrer Gründung ein aggressives hinduistisches Gemeinwesen werden konnte, das immer wieder systematisch versucht hat, Indien mit Hindus und Patriotismus mit *hindutva* (dem Hindutum) zu identifizieren. Aus dieser Entwicklung Indiens lassen sich bestimmte Erkenntnisse über die Furcht vor Minderheiten gewinnen, die es näher zu betrachten lohnt.

Zunächst aber muß ich auf eine nicht unwesentliche Verschiebung der politischen Kräfteverhältnisse in Indien eingehen. Nachdem ich dieses Kapitel im Oktober 2003 erstmals konzipiert und im August 2004 überarbeitet hatte, erfuhr die von der BJP angeführte rechte, hinduistische Koalition bei den letzten nationalen Parlamentswahlen eine vernichtende Niederlage. Seitdem ist wieder eine von der Kongreßpartei der Nehrus angeführte Koalition an der Macht. Dieses außerordentliche Ereignis – nicht die erste demokratische Revolution seit der indischen Unabhängigkeit – hat selbst die versiertesten politischen Beobachter verblüfft (nicht weniger als der Zusammenbruch der Sowjetunion im Jahre 1989). Obwohl Fachleute immer noch daran arbeiten, die ganze Tragweite dieser Veränderung zu ermessen, sind sich doch die meisten Kommentatoren darüber einig, daß die Niederlage der BJP-Koalition zwei Botschaften beinhaltet: Einerseits scheinen die indischen Wähler (auf dem Land wie in der Stadt) der *hindutva*-Botschaft überdrüssig geworden zu sein, die sie nicht länger als Ersatz für mangelnde wirtschaftspolitische Maßnahmen und Pläne auf der lokalen Ebene akzeptieren. Andererseits war es die ärmere Hälfte der (ländlichen und städtischen) Bevölkerung offenbar leid, weiter mit anzusehen, wie die Erträge der Globalisierung in einem Teufelskreis aus Staatskorruption und Elitenkonsum lediglich einer kleinen Gruppe zugute kamen, ohne daß sie selbst einen nennenswerten Vorteil davon gehabt hätten. Eine kaltherzige Globalisierung und eine zynische antimuslimische Propaganda waren, mit anderen Worten, keine tragfähige Basis mehr für eine nationale Koalition. Damit gibt es eine echte Neuerung in der indischen Politik: Die Kongreßpartei und ihre Alliierten versuchen heute, einen schwierigen Kurs zwischen ökonomischer Gerechtigkeit und globalen Märkten sowie zwischen einer regionalen, kastenbezogenen Politik und einer postethnischen und pluralistischen Politik auf der überregionalen Ebene zu steuern.

Dennoch muß man natürlich fragen, warum sich viele der politischen Parteien Indiens, ein beträchtlicher Teil seiner Bevölkerung und eine schockierende Anzahl kosmopolitisch eingestellter liberaler Intellektueller von 1985 bis 2004 – über einen Zeitraum, der rund ein Drittel der Geschichte Indiens als unabhängige Nation umfaßt – der *hindutva*-Botschaft zuwandten. Und dies ist keine rein historische oder wissenschaftliche Frage. Die Kräfte des hinduistischen Mehrheitschauvinismus haben sich nicht einfach in Luft aufgelöst. Seine Methoden, Werte und Techniken sind in der indischen Politik nach wie vor äußerst präsent. Augenblicklich können wir zwar aufatmen. Doch um sicherzugehen, daß die Hinduisierung der indischen Politik Geschichte bleibt, müssen wir jenen Zeitraum so gründlich wie möglich analysieren.

Der Aufstieg der hinduistischen Rechten zu Indiens wichtigster und majoritärer politischer Koalition und ihre Inbesitznahme der nationalen öffentlichen Meinung in den achtziger Jahren – nachdem sie jahrzehntelang eine Ansammlung zersplitterter, marginaler politischer Bewegungen gewesen war – hing mit vier wichtigen Entwicklungen zusammen, die alle die Frage von kleinen Gruppen und Minderheiten berühren. Jede dieser Entwicklungen kann uns etwas über andere Nationen und andere Schauplätze der Welt lehren.

Die erste Entwicklung betraf Minderheiten, die mit globalen Bewegungen, Identitäten und Netzwerken in Kontakt stehen. Den Muslimen Indiens wurde immer schon vorgehalten, sie seien der muslimischen Welt gegenüber loyaler als dem Staate Indien. Ihre angeblich sentimentalen Bindungen an Pakistan (das von indischen Muslimen in Wirklichkeit oft heftig abgelehnt wird) brachte man immer mit den politischen Zielen und den Ressourcen des weltweiten Islam in Zusammenhang. In den achtziger Jahren interessierte sich die hinduistische Rechte in Indien besonders für die Geldmittel, die aus dem muslimischen Nahen Osten an religiöse Institutionen und Bildungseinrichtungen auf dem Subkontinent flossen. Sie war der Ansicht, daß eine solche Subventionierung der indischen Muslime überwacht und begrenzt werden müsse, und betrachtete sie als Rechtfertigung für ihre umstrittene Rekonversionspolitik. Die hinduistische Rechte betrieb diese Politik besonders unter der ärmeren Land- und Stammesbevölkerung, wobei sie behauptete, die Menschen seien von den Kräften des weltweiten Islam geschickt zu einem Glaubenswechsel motiviert worden. Solche Rekonversionskampagnen wurden in Indien auch in bezug auf christliche Gemeinschaften durchgeführt. Und nach wie vor sind sie ein typischer Ausgangspunkt für die kleinen Übergriffe und die politische Strategie der hinduistischen Rechten. In den achtziger Jahren war der Kampf um den Glaubenswechsel zunächst von einer Beschwörung der Größe, der Macht und des Einflusses globaler islamischer Interessen und Kräfte begleitet. Man betrachtete die relativ kleinen Gruppen von Muslimen in indischen Gemeinden als Trojanisches Pferd dieser weltweiten Strömung. Besonders nach den Ereignissen des 11. September hat sich dieses Bild eines militanten transnationalen Islam im Diskurs über den islamischen Terrorismus fast naturwüchsig durchgesetzt.

Im Falle Indiens wurde die Vorstellung, die indischen Muslime seien Instrumente (und Objekte) weltweiter islamischer Bewegungen (die man normalerweise als gewalttätig, antinational und antihinduistisch darstellte), durch zwei Faktoren weiter befördert: durch die ungebrochene Tradition indischer Muslime, auf die Hadsch (also die heilige Pilgerfahrt nach Mekka, die ein gläubiger Muslim mindestens einmal im Leben unternommen haben sollte) zu gehen, und durch die seit 1980 steigende Zahl indischer Arbeitsemigranten (aller Professionen und Klassen) in die erdölexportierenden Scheichtümer des Nahen Ostens, besonders nach Saudi-Arabien, Dubai, Kuwait und Bahrain. In der Tat waren es oft Muslime, die in die Region des Persischen Golfs emigrierten. Doch gibt es kaum Anlaß zu der Vermutung, andere als ökonomische Gründe seien hierfür ausschlaggebend gewesen. Nichtsdestoweniger betrachtete man den Austausch zwischen Indien und der

Golfregion mit großer moralischer und politischer Sorge und reagierte mit der Einrichtung eines »Büros zum Schutze der Immigranten« (»The Protector of Immigrants«). Diese staatliche Agentur hat den Auftrag sicherzustellen, daß indische Arbeiter nicht mit unmoralischen oder arglistigen Gründen dazu gebracht werden, in die Golfregion zu ziehen. Ähnlich mißtrauisch beäugte man die immer beliebtere Praxis der arrangierten Ehe, die typischerweise zwischen reicheren (und oft älteren) arabischen Männern aus der Golfregion und (meist sehr jungen) muslimischen Frauen aus verarmten muslimischen Gemeinschaften in Städten wie Hyderabad, Lucknow und Agra gestiftet wurde. Ein Bild der Sittenlosigkeit und Polygamie muslimischer Männer, denen die ohnedies schon ausgebeutete Gemeinschaft muslimischer Frauen zum Opfer falle, wurde von der Boulevardpresse und von kommerziellen Filmen wie *Bazaar* verbreitet, die die schlimmsten Klischees über einen solchen Heiratsmarkt bedienten. Höchstwahrscheinlich waren es solche kommerziellen und populären Bilder des Mißbrauchs armer muslimischer Frauen durch dekadente arabische Männer und deren Geld, die dem Rechtsstreit um eine Muslimin namens Shah Bano zu so großer Popularität verhalf. Shah Bano verklagte den Mann, der sie verlassen und sich von ihr hatte scheiden lassen, erfolgreich auf Unterhalt, obwohl das muslimische »Familienrecht« (das *Muslim Personal Law*, eine Unterkategorie des spezifischen Rechtsgebietes, das in Indien viele Aspekte des Familien- und Privatlebens der verschiedenen Religionsgemeinschaften regelt (Das 1990)) ihn dazu berechtigte.

Der Shah-Bano-Fall, eines der bekanntesten Justizdramen Indiens seit der Unabhängigkeit, spielte den Staat gegen die Justiz, Hindus gegen Muslime, Feministinnen gegeneinander und Säkulare gegen Traditionalisten aus. Auch sorgte er für eine tiefgreifende und unheilvolle Entfremdung zwischen den Interessen von Frauen und von Minderheiten (da sich Shah Banos Klage gegen die traditionellen Familiengesetze ihrer eigenen Gemeinschaft richtete). Der Fall erschütterte allem Anschein nach die Stabilität der Regierung des damaligen indischen Premierministers, Rajiv Gandhi, der für die Nehrusche Tradition des Säkularismus und der Unparteilichkeit gegenüber allen politischen Gemeinschaften stand. Die von der aufstrebenden BJP angeführte indische Rechte beutete den Shah-Bano-Fall ohne Rücksicht auf Verluste aus. Während sie sich als wahre Beschützerin der mißbrauchten muslimischen Frauen und der Frauenrechte im allgemeinen gerierte, nutzte sie das öffentliche Interesse an dem Fall, um bösartige Botschaften von der autoritären Macht muslimischer Gemeinschaften über ihre Frauen und von der allgemeinen sexuellen Unmoral und Verantwortungslosigkeit muslimischer Männer in Umlauf zu bringen. Der Fall wurde schließlich durch eine Reihe rechtlicher und politischer Kompromisse gelöst, doch nährte er die öffentlichen Zweifel an den Vorteilen des Säkularismus und trug dazu bei, den Boden für die bizarre Vorstellung zu bereiten, die hinduistische Rechte sei die verläßlichste Wächterin über die Rechte muslimischer Frauen. Er legte auch die Fundamente für eine bis heute schwelende Debatte um die Wünschbarkeit eines einheitlichen Zivilrechts (*Uniform Civil Code*), das von den meisten politischen Parteien und linken Frauengruppen als problematisch angesehen wird. Die hinduistische Rechte aber, die darin ein mächtiges Instrument für die Hinduisierung des Familienrechts aller Minderheitengemeinschaften erkennt, befürwortet ein solches Recht.

Der Shah-Bano-Fall zeigt, wie sich in einer komplexen multireligiösen Demokratie wie Indien an Minderheitenproblemen Grundsatzdebatten um Geschlecht, Gerechtigkeit,

Legalität, die Grenzen staatlicher Macht und die Fähigkeit religiöser Gemeinschaften, sich selbst zu reglementieren, entzünden können. Für unsere Fragestellung ist dabei entscheidend, daß kleine Gruppen unter Umständen große Probleme bereiten – besonders in Ländern wie Indien, in denen Minderheitenrechte unmittelbar mit Theorien über die Rolle des Staates, die Grenzen der Religion und das Wesen bürgerlicher Rechte als Ausdruck legitimer kultureller Differenz in Zusammenhang stehen.* In einem ganz anderen Kontext, in dem der sogenannten *scheduled castes* oder »aufgelisteten Kasten« (der offiziellen Bezeichnung für die »Unberührbaren«), führte Indiens lange Geschichte der Maßnahmen zur bzw. der Prozesse um positive oder protektive Diskriminierung zu einem nationalen Aufruhr anläßlich des Berichts der Mandal Commission aus dem Jahr 1980, der einer Politik der Arbeitsplatzreservierung für Mitglieder von Kasten, die historisch gesehen als Opfer der Diskriminierung gelten, Nachdruck verleihen sollte. Die hinduistische Rechte erkannte das Konfliktpotential, das mit dem im Mandal-Bericht angedeuteten Aufstieg der unteren Kasten einherging, und mühte sich nach Kräften, die Wut der oberen Kasten, die sich von den politischen Absichten ihrer ärmeren Glaubensgenossen bedroht fühlten, für ihre Zwecke zu nutzen. Viele Wissenschaftler haben darauf hingewiesen, daß die hinduistische Rechte in den achtziger Jahren die Politik der *masjid* (der Moschee) gegen die des Mandal (des innerhinduistischen Kampfes um Arbeitsplatzreservierung) ausspielte. Es wurde auch angemerkt, daß man in der muslimischen Minderheit einen perfekten »Anderen« für die Produktion einer mobilisierten hinduistischen Mehrheit gefunden hatte, um angesichts der durch den Mandal-Bericht

* Für diesen Hinweis bin ich Faisal Davja zu Dank verpflichtet, der in einem Vortrag, den er im Herbst 2003 an der Yale University über die Teilung Britisch-Indiens hielt, auf diese Problematik einging.

ausgelösten Kämpfe zwischen den Kasten eine hinduistische Einheitsfront schaffen zu können. Von größter Bedeutung für die Frage der kleinen und großen Gruppen ist aber, worauf Amrita Basu, eine ausgezeichnete Kennerin der Politik kommunaler Gewalt in Nordindien, hingewiesen hat, daß die Idee einer hinduistischen Mehrheit in Wirklichkeit die numerische Minderheit der oberen Kasten verschleiert. Diese landbesitzenden hinduistischen Kasten haben ihres Erachtens einen Aufstieg der unteren Kasten nämlich weit mehr zu fürchten als die dortigen Muslime (1994). Wenn wir diese Bedenken mit der Politisierung und massenhaften Mobilisierung der unteren Kasten, die in der indischen Politik allgemein stattgefunden haben und vermutlich die folgenreichste Veränderung der politischen Landschaft Indiens in den letzten 50 Jahren darstellen (Jaffrelot 2003), abgleichen, dann können wir sehen, daß die Furcht vor kleinen Gruppen durch eine hinduistische Minderheit angeheizt wird, die von der kulturellen Fiktion einer hinduistischen Mehrheit tatsächlich am meisten profitiert.

Die hinduistische Mehrheit ist im heutigen Indien in doppeltem Sinne eine Fiktion. Erstens ist die Kategorie »Hindu« untrennbar mit ihrer Entstehung in kolonialen Ethnographien und Volkszählungen verbunden. Zweitens haben sich die massiven Gegensätze zwischen oberen und unteren Kasten, die für das Leben im ländlichen Indien immer bezeichnend waren, in den letzten zwei Jahrzehnten zu einem der tiefsten Gräben der nordindischen Politik ausgewachsen. Die hinduistische Mehrheit ist also nachweislich keine Tatsache, sondern ein Projekt. Und wie alle rassistisch gefärbten Kategorien und alle aggressiven Identitäten ist sie auf die Mobilisierung durch Krisendiskurse und Gewaltpraktiken angewiesen. Die Existenz von Minderheiten, wie etwa der Muslime, ist für diese Krisen und Praktiken ein wichtiger Faktor. Das Verhältnis geht aber eben nicht in einfachen Gegensätzen oder Stereotypen auf.

Im Zusammenhang mit der hinduistischen Kastenpolitik und der antimuslimischen Propaganda spielt ein Phänomen eine Rolle, das die offizielle indische Politik bereits seit der Unabhängigkeit prägt, das aber vor allem seit den achtziger Jahren an Bedeutung gewonnen hat: Ein Phänomen, das auf dem Subkontinent als »Stimmenbank« bezeichnet wird. Besonders auf der kommunalen Ebene gilt es als wahlentscheidend, ob es dieser oder jener Partei bzw. diesem oder jenem Kandidaten gelingt, den gesamten Block von Stimmen einer bestimmten Kaste oder Religionsgemeinschaft für sich zu gewinnen, der über ihre Eliten sozusagen »gekauft« wird und sich als eine Stimmenbank darstellt. Indem es die Assoziation einer von Eliten manipulierten, kollektivierten Wahlentscheidung und einer durch Korruption erkauften Stimmabgabe miteinander verbindet, fängt das von allen indischen Politikern zur Diskreditierung des politischen Gegners gebrauchte Bild der Stimmenbank die Geschichte der engen Verknüpfung von Volkszählungen und den Vorstellungen der britischen Kolonialmacht über Gemeinschaft und Wahlberechtigung ein. Diese Geschichte fand zu Beginn des 20. Jahrhunderts mit der Einführung getrennter Wahlkreise für Hindus und Muslime auf der kommunalen Ebene einen unrühmlichen Tiefpunkt. Diese registrierten Gemeinschaften (Kaviraj 1992) sind bis heute ein Alptraum für das liberale Denken in Indien geblieben, weil sie sowohl die liberale Abscheu vor der Massenpolitik und den damit verbundenen Formen der Korruption als auch den Widerwillen gegen die überkommene Bedeutung von Verwandtschaftnetzwerken und zugeschriebenen Eigenschaften in einer modernen Demokratie erregen. Durch die wachsende Macht unabhängiger Graswurzelbewegungen, die sich sowohl der umfassenden Manipulation durch Politiker entziehen als auch dem Zynismus, mit dem Politiker oft Bündnisse oder Zusammenschlüsse eingehen und bei Bedarf wieder auflösen, ist die Bedeutung der Stimmenbanken heute etwas zurückgegangen. Dennoch hat die hinduistische Rechte keine Gelegenheit ausgelassen, um das Gespenst der muslimischen Stimmenbank an die Wand zu malen, und dabei oftmals ihrem Hauptkonkurrenten, der Kongreßpartei, vorgeworfen, Muslime zu begünstigen, um die muslimische Stimmenbank auf allen Wahlebenen für sich verbuchen zu können. Die überraschende Niederlage der BJP bei den Parlamentswahlen im Jahr 2004 hat gezeigt, daß dieser Popanz nicht geeignet war, die Loyalität der vorwiegend ländlichen indischen Wählerschaft zu erkaufen.

Dieser Umstand führt uns zur letzten Eigenart der indischen Furcht vor Minderheiten, die von größerer Tragweite ist. Besonders durch ihre dominierenden politischen Parteien hat die hinduistische Rechte der Kongreßpartei (die man in der Vergangenheit mit dem Nehruschen Säkularismus, Pluralismus und einer aktiven Toleranz gegenüber Muslimen als kultureller Minderheit assoziierte) beständig vorgeworfen, in ihrem Umgang mit Ansprüchen, Beschwerden und Forderungen an den Staat eine Beschwichtigungspolitik zu betreiben. Der Beschwichtigungsdiskurs ist faszinierend, weil er sich genau auf dem abschüssigen Gelände zwischen dem Gefühl, eine Mehrheit zu sein, und der Enttäuschung unvollständiger Identifikation mit dem ungeteilten Ethnos des Gemeinwesens bewegt. Wenn die hinduistische Rechte säkulare Parteien mit dem Vorwurf traktiert, sie »beschwichtigten« Muslime, so ist damit wohl einerseits ein gewisser Opportunismus, eine gewisse Feigheit der Säkularen gemeint. Andererseits wird so das Bild einer schiefen Ebene evoziert, bei dem die Erfüllung dieser oder jener Forderung einer lokalen muslimischen Gemeinschaft angeblich geradewegs zur bedingungslosen Kapitulation im militarisierten und nun auch nuklearisierten Konflikt mit Pakistan führt – der in Indien allgegenwärtigen Kulisse für jegliche militant-hinduistische Propaganda. Die Rede von der Beschwichtigungspolitik stellt eine Verbindung zwischen den Forderungen innerstaatlicher Minderheiten und dem Kampf gegen feindliche Staaten, in diesem Fall Pakistan, dar. Das Beschwichtigungsargument ist also ein weiterer Trick, um die kleine Gruppe indischer Muslime mit der pakistanischen Bedrohung und darüber hinaus mit der Bedrohung durch die militanten *multitudes* des weltweiten Islam aufzuladen und aufzublähen. Unmittelbar nach den Anschlägen des 11. September wurden diese Verbindungen durch die weltweite Beschwörung des islamischen Terrorismus zu neuem Leben erweckt und mit frischen Phantasien ausgekleidet.

Zum Schluß dieses Kapitels möchte ich mich nun der Figur des Selbstmordattentäters zuwenden, die erstmals in den siebziger Jahren bei Kämpfen zwischen Tamilen und Singhalesen in Sri Lanka auftauchte, und der Beziehung dieser einsamen Figur zu den Problemen der kleinen und großen Gruppen, der Minderheiten und des Terrors nachgehen.

Wie klein sind kleine Gruppen?
Minderheiten, Diasporagemeinschaften und Terror

Egal, ob in Israel, Sri Lanka, New York, Irak oder London – der Selbstmordattentäter stellt die denkbar schwärzeste Version des dem Individuum verliehenen Wertes, der Zahl Eins, dar. Da sich in ihm verschiedene Alpträume verdichten, ist er der ideale Typus des Terroristen. Erstens schließt er die Kluft zwischen dem Körper und der Waffe des Terrors. Ob er oder sie sich nun Bomben an den Körper bindet oder auf andere

Weise Sprengstoffe in seinem oder ihrem Körper versteckt – der Selbstmordattentäter ist ein explosiver Körper, der verspricht, seine eigenen blutigen Fragmente zu verteilen und mit den blutigen Teilen der Zivilbevölkerung, die er dezimieren soll, zu vermischen. Dadurch entzieht er sich nicht nur der Entdeckung, er vermischt auch auf schreckliche Weise das Blut und die Körper von Feinden, schändet so nicht nur den Boden der Nation, sondern auch die Körper der Opfer, die er mit dem Blut des Märtyrers in Berührung bringt. Zweitens stellt der Selbstmordattentäter eine widerwärtige Version dieser in Christentum und Islam so hochgeschätzten Idee des Märtyrers dar. Denn er ist kein passiver Märtyrer, sondern ein aktiver, gefährlicher, explodierender – kurz: ein mörderischer Märtyrer. Drittens wird der Selbstmordattentäter, ganz so wie der einer Gehirnwäsche unterzogene Agent in dem Film *Botschafter der Angst* (*The Manchurian Candidate*) aus dem Jahr 1962, meist als eine Person dargestellt, die sich in einem paranormalen Zustand des Glaubens, der Ekstase und Zielgerichtetheit befindet, in den sie sich am Vorabend des Anschlags durch quasireligiöse Techniken der Isolation, Indoktrination und drogeninduzierten Halluzination selbst gebracht hat. Da die Vorstellung eines freiwillig explodierenden Körpers nicht gut mit Theorien rationaler Wahl harmoniert, ist dieses Bild die genaue Antithese zum liberalen, aus Eigeninteresse handelnden Individuum. Obwohl er ein grauenhaftes Beispiel für das Individuum und damit die Zahl Eins ist, wird der Selbstmordattentäter, den man sich als Automaten vorstellt, viertens immer als Vertreter einer wildgewordenen Horde oder Masse, als das Opfer von Propaganda oder irrationalen Überzeugungen, als vollkommenes Beispiel für die geistlose Reglementierung der Massen und die unvorhersagbare Gefahr der Horde gesehen.

In all diesen Hinsichten ist der Selbstmordattentäter die

reinste und abstrakteste Form des Terroristen. In der Furcht vor ihm schießen die schlimmsten Ängste zusammen. Als Individuum, das sich in Gestalt des normalen Bürgers dem Ort des Anschlags nähert, treibt der Selbstmordattentäter die Verunsicherung auf die Spitze. Der Attentäter, der sich für einen Anschlag in Israel als Rabbi verkleidet hatte, untergrub die Grundfesten der moralischen Ordnung der israelisch-jüdischen Gesellschaft. Und so nistet sich die Figur des Selbstmordattentäters in den Räumen des zivilen Lebens ein und versetzt die Gesellschaft in eine Art dauerhaften Alarmzustand. Ein solcher Zustand zwingt uns, im Zeitalter des globalisierten Terrorismus ganz neu darüber nachzudenken, was den Zivilisten, was das zivile Leben eigentlich ausmacht. Womit wir bei einem letzten Aspekt des Problems der kleinen Gruppen im Zeitalter der globalisierten Terrornetzwerke, die nach dem 11. September zum integralen Bestandteil des öffentlichen Bewußtseins geworden sind, angekommen wären.

Kleine Gruppen und globale Netzwerke

Die Ereignisse des 11. September liegen inzwischen so lange zurück, daß wir allmählich den Schleier der Sentimentalität, der Xenophobie und des Schocks, den sie hinterließen, lüften können, um uns auf jene bleibenden Bilder zu besinnen, die wir nun durch die düstere Brille des Irakkriegs sehen müssen. Osama bin Laden ist höchstwahrscheinlich noch am Leben, die Taliban formieren sich in Afghanistan und Pakistan neu, verschiedene Kriegsherren halten Afghanistan in vollkommener Abhängigkeit von fremdem Geld, fremden Waffen und fremden Soldaten, und die amerikanischen Streitkräfte stoßen im Irak nach wie vor auf Widerstand. Die ursprünglich von der amerikanischen *shock and awe*-Strategie überwältigten Iraker scheinen die Amerikaner mittlerweile ebensosehr zu hassen wie Saddam Hussein, und die Massenvernichtungswaffen scheinen nur ein Alibi für die »Massenaufbauwaffen« gewesen zu sein, die sich größtenteils in der Hand von Konzernen wie Bechtel und Halliburton befinden. In Afghanistan, vor allem aber im Irak experimentierten die Vereinigten Staaten unter George W. Bush offenbar mit der neuen Politikform des »Demokratieexports«. Diese merkwürdige Form von imperialem Föderalismus behandelt den Irak einfach wie einen weiteren amerikanischen Bundesstaat, den man unter die Rechtsprechung der Nationalgarde und verschiedener anderer Washingtoner Behörden gestellt hat, um mit einer Katastrophe zu Rande zu kommen (die in diesem Fall durch die Enthauptung von Saddams Regime verursacht wurde).

Das Problem der kleinen und großen Gruppen, der Minderheiten und des Terrors ist auch im Irak virulent, ebenso wie die Frage, ob die chaotische Megapolitik der Schiiten, der Kurden und der anderen großen Minderheiten so etwas wie ein irakisches »Volk« hervorbringen kann. Einerseits steht die US-Regierung im Irak vor dem befremdlichen Problem von Minderheiten, die – wie etwa die Schiiten – in absoluten Zahlen sehr groß und mit dem Regime im Iran eng verbunden sind oder die – wie die Kurden – im Iran, im Irak und in der Türkei leben und eine riesengroße Minderheit bilden. Sofern sich die Vereinigten Staaten zum Bleiben entschlossen haben, nachdem sie über Nacht ein Team von Experten ins Land schleusten, um eine irakische Verfassung aus dem Hut zu zaubern (wie sie es auch in Afghanistan getan haben), müssen sie nun mit einer große Minderheiten betreffenden, konzeptionell festgefahrenen Situation umgehen. Alles stagniert zwischen der festen Überzeugung der meisten Iraker, der neue Staat habe »islamisch« zu sein, und dem Gefühl, eine echte Demokratie könne eigentlich nicht oder nur im alleroberflächlichsten Sinne islamisch sein kann. Die Auseinandersetzungen um das Wesen so grundlegender Ideen wie Konstitutionalismus, Wahlen, Demokratie und Repräsentation fanden im Irak dabei im Jahr 2004 vor dem Hintergrund von Panzergefechten und offenen Kriegshandlungen in Nadschaf oder Falludscha statt.

Zwei Aspekte dieses immer noch nicht beendeten Debakels im Irak sind für das Problem der kleinen Gruppen und die Furcht vor Minderheiten von Bedeutung. Einerseits wird das US-Militär, auch nachdem es die Karriere eines wirklich mörderischen, von vielen Irakern gleichermaßen gefürchteten wie gehaßten Despoten beendet hat, immer noch von der Furcht vor kleinen Gruppen heimgesucht, und zwar vor jenen kleinen Gruppen von Milizionären oder Zivilisten, die die US-Streitkräfte aus dem Hinterhalt angreifen und manchmal ihren eigenen Tod in Kauf nehmen, um Schaden zu verursachen und amerikanische Soldaten zu töten. Da die Zivilbevölkerung diese »Terroristen« rückhaltlos unterstützt, sind sie für die US-Streitkräfte, die nach dem Sturz des einen bösen Individuums – Saddam Hussein – mit der vollständigen Kapitulation der Iraker gerechnet hatten, wie die sprichwörtliche Nadel im Heuhaufen. Die Vereinigten Staaten als Besatzungsmacht im Irak müssen also nach wie vor befürchten, daß die kleinen Gruppen, die ihre Soldaten drangsalieren und töten, möglicherweise die wahren Repräsentanten des irakischen Volkes sind, für das doch eigentlich die Rolle vorgesehen war, die Amerikaner als Befreier willkommen zu heißen und sie nach dem Abgang des Diktators mit dem Schauspiel einer friedlichen und demokratisch gesinnten Zivilgesellschaft zu erfreuen.

Außerdem stellt sich im Irak noch das abstraktere Problem, wie man aus großen ethnischen oder religiösen Minderheiten ein nationales Volk schmieden soll. Sowohl im Irak als auch in Afghanistan hatten die Vereinigten Staaten bei der Errichtung einer »Exportdemokratie« nur die Wahl zwischen Teufel und Beelzebub: Entweder mußten sie es diesen Ländern gestatten, sich als islamische Republiken zu konstituieren. Damit hätten sie jedoch akzeptiert, daß man in dieser Region Völker nur »erschaffen« kann, indem man ausgerechnet die von den Amerikanern am meisten gefürchtete Religion in den Mittelpunkt der Definition dieser Nationen rückt. Alternativ galt es, einen Weg zu finden, Koalitionen aus großen Minderheiten zu schmieden. Das hätte wiederum bedeutet, zuzugeben, daß es im Irak und an vielen, vergleichbaren Orten sehr lange dauert, Zivilgesellschaften aufzubauen und daß es dabei keine anderen Ansprechpartner gibt als Minderheiten – Minderheiten allerdings mit Verbindungen zu riesigen Bevölkerungsgruppen in der ganzen Welt. Da die Vereinigten Staaten vor derart schwierigen Entscheidungen standen, nachdem sie einen Krieg angezettelt hatten, der bis heute nicht enden will, kamen sie nicht umhin, sich mit den Problemen der Minderheit, der Verunsicherung, des Terrors und der ethnischen Gewalt auseinandersetzen, die im Zeitalter der Globalisierung so viele Gesellschaften heimsuchen. Es gab und gibt immer wieder Hinweise darauf, daß einige Iraker kurz davor standen bzw. stehen, in Vorbereitung einer brutaleren ethnischen Säuberung schon einmal mit dem sogenannten »ethnischen Reinigungsgeschäft« (*dry cleaning*) zu beginnen. Sollte ein solches Szenario Realität werden, müssen wir dringender denn je Mittel und Wege finden, um die Distanz zwischen kleinen Gruppen, die die Wut der mobilisierten Mehrheiten auf sich ziehen, von denen Lenin angesichts ihres großen Umfangs vorausschauend sagte, mit ihnen beginne die »ernsthafte Politik«, neu auszuhandeln.

Ich möchte nun auf zwei wichtige Fragen zurückkommen: Einerseits auf das Problem kleiner Differenzen und andererseits auf die spezielle Verbindung zwischen der Globalisierung und dem zunehmenden Haß auf Minderheiten – Themen, die man meines Erachtens nicht unabhängig voneinander betrachten kann. Michael Ignatieff (2000) hat sich in diesem Zusammenhang vielleicht am prägnantesten auf Freuds berühmte Beobachtungen über den »Narzißmus der kleinen Differenzen« bezogen, um unser Verständnis der ethnischen Schlachten der neunziger Jahre, insbesondere in Osteuropa, zu befördern. Vor dem Hintergrund seines profunden Wissens über die Region bedient sich Ignatieff der Freudschen Einsicht in die Psychodynamik des Narzißmus der kleinen Differenzen, um das Rätsel zu erhellen, warum etwa Serben und Kroaten, deren Geschichte, Sprachen und Identitäten über Jahrhunderte miteinander verwoben waren, soviel Energie in ihren gegenseitigen Haß investierten. Seine Einsichten lassen sich unter Berücksichtigung einiger der Argumente erweitern und vertiefen, die ich hier entwickelt habe.

Ich vermute also, daß der geringe Abstand zwischen dem Status einer Mehrheit und der vollkommenen oder totalen nationalen ethnischen Reinheit die Ursache für jene extreme Wut auf bestimmte ethnische Andere sein könnte. Diese Hypothese – die ich als Angst vor der Unvollständigkeit bezeichnet habe – gibt uns die Möglichkeit, Freuds Einsichten auf komplexe, kollektive, öffentliche Formen der Gewalt anzuwenden, denn sie zeigt, wie narzißtische Wunden auf der Ebene öffentlicher Diskurse über Gruppenidentitäten »produktiv« werden und zur Bildung jener aggressiven Identitäten anstacheln können. Die dabei zugrundeliegende Dynamik ist die innere Reziprozität von Mehrheit und Minderheit. Als eine durch Volkszählungstechniken und den liberalen Prozeduralismus hervorgebrachte Abstraktion können Mehrheiten immer davon überzeugt werden, sie liefen Gefahr (kulturell oder numerisch), *nachrangig* oder *minoritär* zu werden; umgekehrt ist es möglich, die Angst zu schüren, Minderheiten könnten (durch beschleunigte biologische Reproduktion oder mit Hilfe subtilerer rechtlicher oder politischer Mittel) ohne weiteres *vorrangig* oder *majoritär* werden. Diese spiegelbildlichen Befürchtungen sind ein eigentümlich modernes Produkt jener inneren Reziprozität von Mehrheit und Minderheit, die darüber hinaus die Angst nährt, ihr Verhältnis könnte sich vollständig umkehren, sie könnten sich also ineinander verwandeln.

An dieser Stelle kommt nun die Globalisierung wieder ins Spiel. Auf sehr unterschiedliche Art und Weise macht die Globalisierung solche sprunghaften Verwandlungen wahrscheinlicher, so daß der Anschein der Natürlichkeit, nach dem alle Gruppenidentitäten streben bzw. von dem sie ausgehen, beständig durch die abstrakte Affinität der Kategorien von Mehrheit und Minderheit gefährdet ist. Migrationsströme innerhalb nationaler Grenzen oder über diese Grenzen hinweg lösen nach und nach die Kräfte auf, die Personen an Ideologien der Scholle und des Territoriums bindet. Die globale Zirkulation massenmedialer, manchmal verdinglichender Bilder des Selbst und der anderen schafft ein wachsendes Archiv von hybriden Formen, das die starren Grenzen an den Rändern der Massenidentitäten destabilisiert. Moderne Staaten manipulieren und verändern oftmals das Wesen der bei Volkszählungen in Anschlag gebrachten Kategorien sowie die statistischen Instrumente, mit denen Bevölkerungsgruppen unter diese Kategorien subsumiert werden. Die globale Verbreitung improvisierter Ideologien des Konstitutionalismus, deren Elemente aus den Vereinigten Staaten, Frankreich und England stammen, führt zu neuen, globalisierten Debatten um Ethnizität, den Status von Minderheiten und legitime Wahlverfahren, wie wir sie heute im Irak beobachten. Schließlich sind die vielfachen, schnellen und weithin unsichtbaren Wege, auf denen sich große Fonds durch offizielle, zwischenstaatliche Kanäle, quasilegale kommerzielle Kanäle oder vollkommen rechtswidrige, mit Netzwerken wie Al-Qaida in Verbindung stehende Kanäle bewegen, untrennbar mit globalisierten Institutionen der Geldwäsche, der elektronischen Transfers und den neuen Formen der grenzüberschreitenden Buchführung und des transnationalen Rechts verknüpft. Zusammengenommen bilden sie jene Form des Finanzkapitals, das unser Zeitalter der Globalisierung gewissermaßen definiert. Diesen schnellen, oft unsichtbaren, häufig illegalen transnationalen Kapitalbewegungen wird weithin zu Recht die Eigenschaft zugeschrieben, daß sie den heutigen Minderheiten die Mittel an die Hand geben, um die Mehrheiten von morgen zu werden. Jeder dieser Faktoren kann zu einer Verschlimmerung der sozialen Verunsicherung beitragen und damit die Bedingungen dafür schaffen, daß die Grenze zwischen der Angst einer Mehrheit und wahrhaft aggressivem Verhalten überschritten wird.

Die Furcht vor kleinen Gruppen ist also aufs engste mit den Spannungen verknüpft, die der liberalen Gesellschaftstheorie und ihren Institutionen aus den Kräften der Globalisierung erwachsen. Minderheiten in einer sich globalisierenden Welt erinnern unablässig an den unvollständigen Status der nationalen Reinheit. Und wenn die – vor allem mit sozialer Verunsicherung verbundenen – Bedingungen innerhalb eines bestimmten nationalen Gemeinwesens reif dafür sind, diese Unvollständigkeit als unberechenbares Defizit auszulegen, dann können sie eine bis zum Völkermord gehende

Wut provozieren, besonders in jenen liberalen Staaten, in denen die Idee der Minderheit irgendwie ein geteilter politischer Wert geworden ist, der sich auf große und kleine Gruppen bezieht.

5. Unsere Terroristen, wir selbst

Ich habe oben die These vorgebracht, daß zwischen zwei Systemen zur Koordination von Personen, Ressourcen und Loyalitäten, die ich als »vertebral« und »zellular« bezeichne, ein Verhältnis der wechselseitigen Abhängigkeit und starken Konkurrenz herrscht. Der Terrorismus der Gegenwart – Gewaltakte, die sich im Namen einer antistaatlichen Politik gegen öffentliche Orte und Teile der Zivilbevölkerung richten – ist sicherlich eine zellulare Form globaler Organisation. Die Attentate des 11. September haben uns das schlagartig zu Bewußtsein gebracht. Meines Erachtens ist die gegenwärtige Krise der nationalstaatlichen Weltordnung eines der Epizentren dieser tektonischen Verschiebungen. Im folgenden möchte ich eine Reihe von Vorfällen in Südasien untersuchen, die sich nach dem 11. September ereignet haben. In dieser Region spürt man gleichermaßen die Auswirkungen der Anschläge des 11. September und die der amerikanischen Angriffe auf Afghanistan und den Irak. Die Interferenz dieser Ereignisse scheint auf unheimliche Art und Weise die Konflikte zwischen Terroristen und Staaten, zwischen zellularen und vertebralen Formen der Gewalt und zwischen lokalen politischen Identitätskämpfen und der realpolitischen Diplomatie existierender Staaten fortzusetzen. Das Verhältnis zwischen Israel und Palästina stellt das geopolitische Bindeglied zwischen politischen Entscheidungen in New York City und dem Konflikt in Kaschmir dar. Die fraglichen Ereignisse lassen sich als Interferenzen, aber auch als Wiederholungen deuten. Sie werfen nicht zuletzt die Frage auf, was Terror aus innenpolitischer Sicht bedeutet.

Terrorakte wie die Anschläge des 11. September bringen uns zum Thema der sozialen Verunsicherung zurück. Zunächst einmal hat die Verunsicherung etwas mit den Attentätern selbst zu tun. Wer sind sie? Wer verbirgt sich hinter ihren Masken? Welche Namen benutzen sie? Wer versorgt sie mit Waffen, wer finanziert sie? Wie viele sind es? Wo verstecken sie sich? Was wollen sie?

Ich habe an anderer Stelle (1998b) argumentiert, daß man die ethnisch motivierte kollektive Gewalt der neunziger Jahre als vielschichtige Reaktion auf eine unerträglich gewordene Verunsicherung der eigenen Gruppenidentität begreifen kann. Die zahlreichen Volkszählungen und -klassifizierungen in der Moderne, Sorgen um Volkszugehörigkeit, Ansprüche gegen den Staat und geographische Mobilität hatten dazu geführt, daß viele Menschen den »wahren« Identitäten ihrer ethnischen Nachbarn über die Maßen mißtrauten. Sie glaubten nun, die alltäglichen Unterscheidungsmerkmale, mit deren Hilfe man bislang gut miteinander ausgekommen war, verschleierten gefährliche kollektive Identitäten, die sich nur durch Ethnozid oder den sozialen Tod des ethnisch Anderen bekämpfen ließen. Eine dieser paarweise auftretenden Identitäten erschien nun als lebensbedrohliche Gefahr für die jeweils andere. Eine Gruppe hatte plötzlich das Gefühl, daß schon die Existenz der anderen ihr eigenes Überleben in Frage stellte. Staatliche Propaganda, wirtschaftliche Existenzängste und starke Migrationsbewegungen beflügelten diesen oftmals in einem Ethnozid endenden Wahrnehmungsumschwung. So hing er etwa in Afrika unmittelbar mit den politischen Bewegungen der »Autochthonie« zusammen – darunter versteht man einen ursprünglichen Anspruch auf Volkszugehörigkeit, Territorium und Staatsbürgerschaft derjenigen, die zeigen können, daß sie im Gegensatz zu Migranten oder Fremden aus ihren jeweiligen Wohngebieten stammen. Für Gesellschaften, die von permanenter und massenhafter Migration geprägt sind, ist dies offensichtlich eine fatale Unterscheidung. Denn weil man sie in Wirklichkeit nur schwer treffen kann, wird die massenhafte Anwendung körperlicher Gewalt zu einem forensischen Mittel, um zwischen normalerweise gemischten Identitäten scharfe Grenzen zu ziehen.

Körperliche Gewalt im Namen der Ethnizität wird zu einem Eingriff am lebenden sozialen Körper, mit dem die Realität hinter der Maske überhaupt erst geschaffen wird. Und natürlich erfüllt diese gewalttätige Prophezeiung sich wie von selbst, da der tote, versehrte oder dekonstruierte Körper des Verdächtigen immer den Verrat bestätigt, den man ihm zur Last legt. Die beste ethnographische Literatur zu ethnisch motivierter kollektiver Gewalt bedient sich – bis in die Nazizeit zurück – meist eines Vokabulars der Masken, des Verrats, des Betrugs und der Bloßstellung. Gewalt ist Teil der tödlichen Epistemologie des Ethnozids. Eine solche Gewalt bringt natürlich ähnliche, ebenfalls forensisch motivierte Gegengewalt hervor. In Belfast, in Nablus, im Baskenland oder in Kaschmir – um nur wenige Beispiele zu nennen – bestätigt die Maske des bewaffneten Terroristen in Wahrheit den Verdacht vieler herrschender ethnischer Gruppen. Wenn Terroristen Masken tragen und selbst wenn sie keine Masken tragen, wird ihr alltägliches Gebaren als die organische Maske ihrer wahren Identität, ihrer gewaltsamen Absichten, ihrer verräterischen Loyalitäten, ihrer heimlichen Untreue betrachtet. Jedesmal also, wenn die staatliche Polizei einem toten oder gefangenen Terroristen seine Maske herunterreißt, kommt unter der Maske eine weitere Maske zum Vorschein: die des ganz normalen Muslims, Palästinensers, Afghanen oder Tschetschenen – als solche bereits Verräter per definitionem.

Die extreme Gewalt zwischen ethnischen Gruppen, besonders gegenüber ethnischen Minderheiten, wie sie in den neunziger Jahren weltweit zu beobachten war, ist also nicht nur ein Beleg für das archaische Bedürfnis, »ihnen« den Garaus zu machen, um »unser« Überleben zu sichern. Ebensowenig läßt sie sich einfach mit der religiösen und ethnischen Gewalt vergangener Jahrhunderte gleichsetzen. Die grausame ethnische Gewalt der neunziger Jahre ist durch und durch von den Koordinaten einer sehr spezifischen Modernität bestimmt: einer vom Besitz des Passes abhängigen nationalen Identität, einer von Volkszählungen abhängigen Vorstellung von Mehrheit und Minderheit, von mediengesteuerten Bildern des Selbst und des Anderen, von Verfassungen, die Staatsbürgerschaft mit Ethnizität gleichsetzen; und seit neuestem von einem Demokratie- und Marktverständnis, das in vielen Gesellschaften zu erbitterten Auseinandersetzungen um politische Rechte und Versorgungsansprüche geführt hat. Aus diesen Gründen dürfen wir die in den vergangenen Jahrzehnten zu beobachtende Gewalt zwischen ethnischen Gruppen nicht einfach als ein weiteres Kapitel in der Geschichte der Religionskriege oder Ethnozide ansehen.

Entscheidend an diesen neuen Formen der forensischen Gewalt ist die besondere Art und Weise, wie sie zugleich soziale Verunsicherung und ideologische Gewißheit mobilisieren. Staatspropaganda und fundamentalistische Ideologien der unterschiedlichsten Couleur verbreiten bösartige Gewißheiten über den ethnisch Anderen – über seine physischen Eigenschaften, seine Pläne, seine Methoden, seine Doppelzüngigkeit und über die Notwendigkeit, ihn auszulöschen. Die berüchtigten *Protokolle der Weisen von Zion* sind vielleicht das klassische Vorbild einer solchen Propaganda. Dennoch wird keine politisch induzierte Panik, kein doktrinär erzeugter Glaube normale Menschen jemals zu einer so massenhaften und gnadenlosen Gewalt gegen Freunde und Nachbarn bringen wie der, von der uns die Presse in den neunziger Jahren aus Ruanda berichtete. Um sie zu entfesseln, muß sich ein hohes Maß doktrinärer Gewißheit mit einer tiefgreifenden sozialen Verunsicherung verbinden. In dieser Konstellation erwächst die Befürchtung, die Gesichter des Alltags (mit ihren andersartigen Namen, Praktiken und Überzeugungen) seien in Wirklichkeit nur Masken, hinter denen nicht etwa die wahren Identitäten ethnisch anderer stecken, sondern Verräter der als Ethnos begriffenen Nation. Das ist ein tödlicher Cocktail aus dem Geist der ethnischen Säuberung. Natürlich ist die besagte Verunsicherung sozial bedingt und politisch gewollt – zum Teil ist sie ein Propagandaeffekt. Doch sie hat auch andere Quellen, die dem Horizont und den kleinen Verletzungen des Alltags sehr viel näher liegen. Sie speist sich aus winzigen Zweifeln, geringfügigen Verärgerungen und minimalen Verdächtigungen der verschiedenen ethnischen Gruppen. Sobald allgemeinere Erklärungen oder Erzählungen – für die Gewißheit und die Verunsicherung – zur Verfügung stehen, summieren sich diese kleinen Geschichten zu einem Großnarrativ mit einem ethnozidalen Momentum, das durch Gerüchte weitere Nahrung erhält. Typischerweise bringen Staaten oder mächtige, gut organisierte politische Kräfte diese Narrative in Umlauf, deren Rezeptionsbedingungen sich zwar nicht kontrollieren lassen – hierin liegt die Schwäche vieler Propagandatheorien –, ohne die aber viele Funken unbemerkt verglühen würden, lange bevor sich an ihnen ein Feuer entzünden kann.

Was hat soziale Verunsicherung mit Terrorismus zu tun? Der Terrorismus macht sich eine Verunsicherung zunutze, die viele Aspekte hat. Wenn Terroristen nach einem Attentat entkommen, wissen wir zunächst einmal nicht genau, wer sie sind. Manchmal wissen wir nicht, welche Absichten sie verfolgen, wen genau sie angreifen oder töten wollten. Wenn sie ihr eigenes Leben aufs Spiel setzen, es gar bewußt opfern, dann rätseln wir über ihre Motive – eine weitere Quelle der Verunsicherung. Solche Attentate hinterlassen auch die grundsätzliche Verunsicherung darüber, was als nächstes geschehen wird. Denn Terror ist vor allem der Terror des nächsten Anschlags. So fragt man sich etwa, welche Grenzen Terroristen denn überhaupt respektieren. Schließlich ebnen sie den Unterschied zwischen militärischem und zivilem Raum ein und stellen die Grenzen der von uns als souverän angesehenen Zivilgesellschaft in Frage. Terror ist eine Art Metastase des Krieges, ein räumlich und zeitlich entgrenzter Krieg. Terror entkoppelt den Krieg von der Idee der Nation. Er macht potentiell jeden zu einem getarnten Soldaten, zu einem Schläfer, der darauf lauert, im Herzen unseres gesellschaftlichen Schlummers loszuschlagen. Als Soldat und Spion in einer Person verwischt der Terrorist eine weitere Grenze, auf die sich die moderne Politik lange verlassen konnte. All das muß man angesichts dessen, was sich nach dem 11. September in Südasien zugetragen hat, in Rechnung stellen.

Die Geographie des Zorns

Indien und Pakistan – wie der gesamte südasiatische Raum – waren von den Ereignissen des 11. September und dem auf afghanischem und irakischem Boden ausgetragenen Krieg gegen den Terror unmittelbar betroffen. Auf komplexe Weise sind Afghanistan und der Irak mit jener Region verbunden, in der Pakistan sein Überleben fristet. Zunächst einmal befinden sich Pakistan und Indien seit 1947 in einem Dauerkonflikt, vor allem um die Provinz Kaschmir. Seit dem 11. September konkurrieren beide Länder zudem um die Rolle eines Verbündeten der Vereinigten Staaten im weltweiten Krieg gegen den Terror. Durch die Erlaubnis, eine amerikanische Militärbasis auf pakistanischem Boden zu errichten – womit Pakistan seine nationale Souveränität untergraben hat –, ist das Land für die USA zu einem ihrer wichtigsten Aktivposten im Kampf gegen die Taliban und deren Alliierten, Osama bin Laden, geworden. Indien wiederum spricht im Hinblick auf die pakistanischen Militäreinsätze in Kaschmir und die pakistanische Unterstützung von Terrorakten in Indien selbst von Terror. An den Ereignissen, die sich in Südasien in den Monaten nach dem 11. September abspielten, läßt sich also wunderbar die Geographie des Zorns studieren: Sie führen uns vor Augen, wie sich Erschütterungen wellenartig in globalen, regionalen, nationalen und lokalen Räumen ausbreiten und zurückgeworfen werden. Anhand dieser Geographie kann man untersuchen, wie die Furcht vor kleinen Gruppen und deren *Macht* die wechselseitigen Beziehungen zwischen den verschiedenen Dimensionen und Schauplätzen beeinflussen. Ein Blick auf Indien und Mumbai nach dem 11. September lehrt uns, mit anderen Worten, wie die Sprache des Terrors eine neue politische Geographie hervorbringt.

Nachdem sie die Kultur des Säkularismus und die Glaubwürdigkeit pluralistischer Kräfte fast zwei Jahrzehnte lang fleißig untergraben hatte, konnte die hinduistische Rechte in Indien damals landesweit Wahlen gewinnen. Die Anschläge vom 11. September gab der herrschenden Bharatiya Janata Partei (BJP) und ihren Verbündeten aus der hinduistischen Rechten die einzigartige Gelegenheit, eine ganze Reihe ihrer Lieblingsthemen zu verknüpfen. Dazu gehörte unter anderem die Gleichsetzung der indischen Muslime mit den Muslimen Pakistans, ein umfangreiches Programm zum Ausbau der indischen (auch der atomaren) Militärmacht, das die indische Bevölkerung auf einen letzten entscheidenden Krieg mit Pakistan einstimmten sollte, zudem eine innenpolitische Kampagne zur Abschaffung des Sonderstatus aller nichthinduistischen Gruppen, insbesondere der Muslime, vor allem im Bereich des »Familienrechts« (*personal law*), sowie schließlich der Versuch, die indische Nationalgeschichte (etwa in Schulbüchern) systematisch so umzuschreiben, daß Indien als hinduistische Kultur erscheint, die in vorbritischer Zeit von muslimischen Eindringlingen beschädigt wurde und heutzutage von Pakistan bedroht wird.

Zusammen mit anderen hinduistisch-nationalistischen Gruppen und Organisationen war die BJP eine Wortführerin der landesweiten Kampagne, die im Dezember 1992 zur Zerstörung der großen Babri-Moschee im nordindischen Pilgerort Ayodhya geführt hat. Hindus wiederum bringen diesen Ort mit dem göttlichen Helden Rama in Verbindung. Im Laufe der achtziger Jahre verwandte die BJP sehr viel Energie darauf, Indiens Geographie unter hinduistischen Vorzeichen umzukartographieren. Dabei stellte sie die großen muslimischen Heiligtümer als illegitime Strukturen dar, die man indischen Heiligtümern übergestülpt habe. Seit diese hinduistische Geographie paranoid-nationalistische Züge angenommen hat, wird ein Krieg gegen den verhaßten Feind Pakistan nun gleichzeitig unter dem Aspekt der Sicherheit und dem der Reinheit erwogen. Auf diese Weise versuchte die BJP, landesweit Stimmung gegen die Rechte der Muslime in Indien, gegen den muslimischen Staat Pakistan und gegen die islamische Präsenz in der Welt zu machen. Seit dem 11. September hat eine dem weltweiten Krieg gegen den Terror entlehnte Sprache dieser Politik weiter Auftrieb gegeben. Die BJP und ihre Verbündeten funktionalisierten sie für eine landesweite Kampagne der Demütigung und Ghettoisierung von Muslimen. Für den tödlichen Haß auf Muslime, den die BJP für die antimuslimischen Pogrome im Februar und März 2002 anzufachen und zu koordinieren wußte, nachdem eine kleine

Gruppe muslimischer Jugendlicher auf der Rückfahrt vom Heiligtum in Ayodhya ein Zugabteil mit hinduistischen Aktivisten in Brand gesetzt hatte, spielte diese Kampagne eine wesentliche Rolle. Nun hat die BJP zwar 2004 die nationalen Parlamentswahlen verloren, ist aber in Indien nach wie vor eine maßgebliche politische Kraft. Im Bundesstaat Gujarat etwa regiert sie bis heute.

Auf die antimuslimischen Pogrome in Gujarat werden wir noch zu sprechen kommen. Hier sei zunächst einmal darauf hingewiesen, daß sich in den Monaten nach dem 11. September verschiedene lokale und regionale Geographien in Indien in eine umfassendere Geographie des nationalen Aufruhrs und der globalen Raserei gegen den Terror fügten. Dabei kann man etwa an Mumbai denken, die Hauptstadt des Staates Maharashtra, die zwar eine lange Geschichte hinduistisch-muslimischer Unruhen hat, aber eine ebenso lange Geschichte des geistigen und materiellen Austauschs zwischen Hindus und Muslimen, etwa auf den Gebieten des Sports, der Wirtschaft, der Filmindustrie oder des Einzelhandels.

Wie andere Staaten und Regionen auch hat Mumbai eine ganz spezielle Art, die Politik des indischen Staates zu unterlaufen. Die Geschichten von der nationalen Reinheit und der militärischen Alarmbereitschaft standen in dieser Handelsmetropole immer ein bißchen im Schatten der Bollywood- und Cricket-Nachrichten. Nach einer Formulierung des betrügerischen Investment-Bankers Harshad Mehta ist Mumbai die Stadt der satten Farben und des großen Geldes, die Stadt der *first family* des indischen Kinos, des Bachchan-Clans, und die Stadt des wiederaufgenommenen Strafverfahrens gegen den mächtigen Filmproduzenten und Diamantenhändler Bharat Shah, dem Verbindungen zur Mafia nachgesagt wurden. In Mumbai huldigt alles dem nervösen System des Geldes, des Reichtums, des Glamours und des Stils.

Dennoch hat auch Mumbai nach dem 11. September die Furcht vor Pakistan und die nervöse Angst vor der großen eigenen muslimischen Bevölkerung auf eigene Weise registriert. Besonders in Slums, die sich in der Nähe wichtiger militärischer oder logistischer Anlagen befinden, wurden die Polizeikontrollen verschärft. Durch die Festnahme des in Cheeta Camp, einem der ältesten Slums Mumbais, ansässigen Mohammed Afroz, der unter anderem mit Terroranschlägen in New York City, Delhi und Sydney in Zusammenhang gebracht wurde, klinkten sich die Stadt Mumbai und die dortige Polizei in die weltweite Terroristenjagd ein. Im Mumbai ist der Subtext, der Muslime, Slums und »Nester« verbindet, besonders vielschichtig; und Städte wie Mumbra am Rand der Metropolregion, in denen Recht und Ordnung nur mehr eingeschränkt aufrechterhalten werden können, wurden von Polizei und Medien als natürliche Rückzugsgebiete für Terroristen identifiziert – besonders für Terroristen, die Verbindungen zu angeblich von Pakistan finanzierten und gelenkten Gruppen haben. Durch einen bemerkenswerten Erlaß des ehemaligen Polizeikommissars von Mumbai, M.N. Singh, der die Wohnungsnot (vielleicht das gravierendste Alltagsproblem Mumbais) mit dem Terrorismus verknüpfte, wurden alle Hausbesitzer verpflichtet, den Behörden die Namen ihrer neuen Mieter, Untermieter oder Gäste sowie bestimmte weitere Angaben zu ihnen zu übermitteln. Diese (mittlerweile ad acta gelegte) panoptische Maßnahme war in einer Stadt von zwölf bis 15 Millionen Einwohnern zwar zum Scheitern verurteilt, doch hätte sie durchaus auch zu verschärften Polizeikontrollen in den muslimischen Vierteln führen können. Sie war mehr als ein erstes Vorzeichen der Ereignisse von 1992, der Zerstörung der Babri-Moschee in Ayodhya durch hinduistische Fundamentalisten, die im Dezember 1992 und im Januar 1993 blutige Krawalle zur Folge hatte, und der weithin als Vergeltungsmaßnahme muslimischer Gruppen mit Kontakten zur Mumbaier Unterwelt angesehenen Bombenanschläge später in jenem Jahr.

In Mumbai werden die Sorge um nationale Sicherheit und die Angst vor Terrorismus und Kriminalität immer mit bestimmten extraterritorialen Bildern von Orten wie Dubai oder Karatschi, in jüngerer Zeit auch Kathmandu, Bangkok oder Manila assoziiert. Um Dubai als dem wichtigsten dieser Orte rankt sich ein dichtes Netz von Gerüchten, in denen es um Mumbaier Großkriminelle geht, die nun von Karatschi und Dubai aus operieren, Verbindungen zu Pakistans militärischem Nachrichtendienst ISI sowie Stützpunkte in den an Indien angrenzenden Ländern unterhalten und in Mumbai (bzw. in indischen Städten allgemein) Gewährsleute haben, die diesen allmächtigen Figuren nach der Pfeife tanzen. Der vor allem von der Polizei gepflegte Diskurs über den Terrorismus ist in Mumbai also immer mit älteren Geschichten über die Unterwelt, die Filmwelt, den Schmuggel und die bürgerkriegsähnlichen Kämpfe zwischen Polizei und Gangstern durchsetzt. Ein weiterer Aspekt, der die Mumbaier Version dieser nationalen und regionalen Themen prägt, ist die Anti-Straßenhändler-Kampagne. Sie ist Teil eines langjährigen Tauziehens, bei dem der bestimmte Interessen der Mittelklasse vertretende Staat und weniger privilegierte Straßenhändler einander gegenüberstehen. Diensteifrige städtische Beamte haben gegen die Straßenverkäufer regelrecht Krieg geführt. Da viele dieser Straßenhändler nun einmal muslimisch sind bzw. in Kontakt mit muslimischen Kreisen der Unterwelt und mit anderen Formen der Schutzgelderpressung stehen, haben auch diese Kämpfe einen starken kommunalen Subtext. Der Krieg gegen die Straßenhändler in Mumbai ist ein Kampf um Raum, ziviles Leben, Beeinträchtigung und öffentliche Ordnung. Doch wird auch er nicht unabhängig von den Subtexten der Kriminalität, Legalität, Sicherheit und Ordnung geführt.

Die rechtsnationalistische Partei Shiva Sena, die als erste antimuslimische Ressentiments schürte und antimuslimische Aktionen in Mumbai organisierte, versucht bis heute ganz unverblümt, kommunale Belange mit antimuslimischer Provokation zu verbinden. Mit erstaunlicher politischer Dreistigkeit hat die Sena während der vergangenen Jahre in zahlreichen Tempeln und an vielen öffentlichen Orten Mumbais eine Reihe von *maha-arati*-Darbietungen* organisiert – mit der Begründung, diese Rituale brächten Mumbai und der Welt den »Frieden«. Diese Behauptung ist wirklich unerhört, da es in den Jahren 1992/1993 ausgerechnet diese Massenrituale waren, die entscheidend zur Bildung antimuslimischer Mobs, zu Hetzreden und zur direkten Einschüchterung muslimischer Gemeinschaften und Viertel beigetragen haben. Während der Hinduismus im Zuge ihrer Wiederbelebung als friedenstiftende Kraft dargestellt wurde, hatten sie de facto die neuerliche Beschwörung der muslimisch-pakistanischen Achse zur Folge.

Schließlich wurde auch die indische Marine in Mumbai langsam aber sicher zu einer sichtbaren Macht im Staat. Ein ums andere Mal demonstrierte die für Mumbais Verteidigung immer schon wichtige indische Flotte in den vergangenen Jahren mit spektakulären Manöver vor der Küste der Stadt ihre militärische Stärke. Bei Empfängen für befreundete Flotten stellte sie ihre neueste militärische Ausrüstung zur Schau. Damit suggerierte sie, einer militärischen Auseinandersetzung mit Pakistan durchaus gewachsen zu sein. Die Küste bei Mumbai, die man in den Jahren 1992/1993 zur möglichen

* Ein *maha-arati* ist ein langes öffentliches Gebet, das in den vergangenen Jahren dazu diente, Stärke und Solidarität der Hindus zur Schau zu stellen.

Landezone pakistanischer U-Boote erklärte, gilt heute definitiv als Teil der befestigten Grenze Indiens, der sogenannten *Line of Control*; Marine und Medien sehen Mumbai heute mehr denn je als Frontstadt. Das Arabische Meer wird zunehmend zur strategischen Zone des Indischen Ozeans gerechnet, und die tatsächliche Distanz zwischen Karatschi und Mumbai nähert sich allmählich dem Maßstab ihrer kollektiven Einbildung an. Da Entfernungen ja immer auch Gefühlssache sind, ist es der indischen Marine bestens gelungen, die »gefühlte« Entfernung zwischen Indien und Pakistan zu verkürzen. Und was die Marine für Mumbais Küsten und Häfen tut, erledigen Shiva Sena und die Polizei (wenn auch nicht immer einvernehmlich) in den Gebäuden, Straßen und Vierteln von Mumbai. Zusammen erzeugen diese Maßnahmen ein geistiges Raster, in dem Handel, Transport, Arbeit und Konsum Zug um Zug von einer Geographie des Krieges, der Sicherheitsbedenken, der Verbrechen und des Terrors überlagert wird.

Diese kurze Skizze sollte illustrieren, wie nach dem 11. September Räume und Ereignisse von den Horrorbildern des Terrors in eine neue Ordnung gebracht wurden. Innenpolitik, globale Bündnisse, regionale Spannungen zwischen Staaten – sie alle traten in neue Konstellationen ein, anhand deren sich rekonstruieren läßt, wie eine Geographie des Zorns entsteht. Nach dem 11. September wurden diese Geographien auf der ganzen Welt produziert und transformiert. Wo immer sie auftraten, verschränkten sich alte regionale und lokale Geschichten, nationale und transnationale politische Spannungen sowie globale und internationale Machtbeziehungen und Koalitionen. Bisher haben wir uns vor allem auf Indien, den Bundesstaat Maharashtra und die Stadt Mumbai konzentriert. Für viele andere Orte ließen sich ähnliche Überlegungen anstellen, etwa für Kabul, Kairo, New York oder in jüngster Zeit auch für London. Doch hierzu später.

Die Geographie des Zorns ist aber nicht nur eine Karte, die Aktionen und Reaktionen, Minorisierung und Widerstand, verschachtelte räumliche Hierarchien und klare Ursache-Wirkungs-Sequenzen verzeichnet.* Diese Geographien sind vielmehr der räumliche Niederschlag einer komplizierten Wechselwirkung zwischen entfernten Ereignissen und intimen Ängsten, zwischen alten Geschichten und neuen Provokationen, zwischen versetzten Grenzen und ungeschriebenen Ordnungen. Angeheizt werden diese Geographien sicher von den Massenmedien (Nachrichten, Internet, politischen Reden und Parolen, aufwiegelnden Berichten und Dokumentationen), doch sie entspringen der Verunsicherung über den Feind im Innern und der Sorge um das ewig unvollendete Projekt nationaler Reinheit. Die Geographie des Zorns entsteht aus der wechselhaften Beziehung zwischen den Landkarten der (zu einem Gutteil von staatlichen Institutionen und Verfahren gemachten) nationalen und globalen Politik und den (von politischen und religiösen Parteien und Bewegungen gezeichneten) Landkarten des heiligen nationalen Raums.

Meine Darstellung der Geographie des Zorns soll zwei Argumenten dienen: Zum einen, daß in einer Welt, die von globalen Verbindungen und Spannungen zwischen zellularen und vertebralen Politikformen gekennzeichnet ist, Regionen, Nationen und Städte mehrdimensionale, vielfach gebrochene

* In seinem vorzüglichen neuesten Buch, *Landscapes of the Jihad* (2005), bringt uns Faisal Devji die Geographie des Zorns durch zwei wichtige Argumente näher. Zunächst einmal zeigt er, daß sich das Weltbild des Dschihad auf historisch komplexe Weise in den Randregionen der islamischen Welt, nicht in ihrem Kernland entwickelt hat. Sein zweites Argument deckt sich weitgehend mit meinen eigenen Überlegungen zu »Ideoziden« und »Ziviziden«. Devji geht davon aus, daß das kriegerische Weltbild der Dschihadisten eher als radikale Spielart des ethischen Universalismus denn im strengen Sinne als antiwestlich zu betrachten ist.

Kopien größerer Kämpfe hervorbringen können. So kehren etwa die Spannungen zwischen Indien und Pakistan auf unterschiedlichen Ebenen wieder: der globalen, der nationalen, der regionalen und der kommunalen. Auf all diesen Ebenen spielen die Charaktere des Terroristen, der reinen Nation, des maskierten Verräters und des verborgenen Feindes eine tragende Rolle. Das genaue Erscheinungsbild dieser Figuren und das jeweilige Drehbuch, das sie in Szene setzt, sind allerdings keine Kopien, sondern eher das Ergebnis einer Überlagerung allgemeinerer Perspektiven und Bilder. Zweitens geben diese Vignetten Grund zu der Annahme, daß die Verunsicherung im Alltag und die Unsicherheit im Sinne einer Bedrohung des Staates heute stark miteinander korrespondieren.

Es hängt von diversen Faktoren ab, in welcher Gestalt die dramatischen globalen Kriegs-, Friedens- und Terrorszenarien in die verschiedenen nationalen und regionalen Orte getragen werden, welche Wahlverwandtschaften sie mit lokalen Ängsten und bestimmten Bildern des »Globalen« eingehen. Die Rolle der Medien – ihre Stärke, ihre Ausrichtung, ihre Strippenzieher und ihre globale Reichweite – ist hier sicher nicht zu unterschätzen. Wie wir alle wissen, sind Medien – die gedruckten wie die elektronischen – globale Meinungsmacher. Ebensogut aber wissen wir, daß auch die mächtigsten Medien nie ganz Herr im eigenen Hause sind. So führt uns der in Konkurrenz zu CNN und BBC kometenhaft aufgestiegene arabische Sender Al-Dschasira vor Augen, daß die globale Informations- und Meinungsschlacht noch lange nicht geschlagen ist. Dasselbe gilt im kleineren Maßstab für Zeitungen, Zeitschriften, Kabelsender, Filme oder politische Reden, die hochflexible Pfade darstellen, auf denen sich Nachrichten und Meinungen filtern und verdichten. Um etwa das komplizierte System der öffentlichen Meinungsbildung und der Zirkulation von Ängsten in Indien zu verstehen, muß man sich folgende Elemente vor Augen halten: die Konkurrenz zwischen den verschiedenen indischen und multinationalen TV-Konzernen, die Macht des Informations- und Rundfunkministeriums, die Fähigkeit von Kabelanbietern, alle möglichen Medienprodukte für ihre Zwecke zuzurichten und deren lokale Verbreitung zu kontrollieren, darüber hinaus die mächtige mehrsprachige Presse, die altgediente westliche oder angelsächsische Meinungen variiert, und schließlich der – durch Arbeit, Verwandte oder Geschäftsfreunde ermöglichte – unmittelbare Zugriff vieler Inder auf Auslandsnachrichten. Ein weiterer Katalysator ist der Nachrichten- und Meinungsaustausch über das Internet, der es vielen Interessengruppen erlaubt, auch jenseits der eigenen Landesgrenzen für ihre Anliegen zu mobilisieren.

Nicht vergessen wollen wir die Weltwirtschaft – die Globalisierung im eigentlichen Sinne –, jenes Regime der offenen Märkte, der wachsenden Verflechtung von Volkswirtschaften und der Turbozirkulation von Spekulationskapital, das nun seit mindestens drei Jahrzehnten unser Leben beherrscht. Fast die gesamte Weltbevölkerung lebt mittlerweile unter dem Diktat der globalen Wirtschaft, deren zukünftige Programme, Dynamiken und rechtliche Grundlagen heute bereits festgelegt werden. Welcher Zusammenhang aber besteht zwischen den Globalisierungsverlierern und dem Zorn, der vor und nach dem 11. September zu so schrecklichen Angriffen auf verschiedene Weltmächte geführt hat?

Sicherlich hat der Haß auf die Vereinigten Staaten – als Staat – und auf Amerika – als Land – weitreichende Wurzeln und unterschiedliche Quellen. Zu ihnen zählen wohl das im Laufe des vergangenen Jahrhunderts lang gewordene Sündenregister des amerikanischen Militärs, die Arroganz der amerikanischen Außenpolitik und nicht zuletzt der offensichtliche Zusammenhang zwischen globalem Kapitalismus, amerikanischem Reichtum, der Macht multinationaler Konzerne und der Politik der Bretton-Woods-Institutionen. Thomas L. Friedman, ein angesehener Autor der *New York Times*, den man beim besten Willen nicht als Marxisten bezeichnen kann, hat die Vereinigten Staaten vor einigen Jahren aufgefordert, (in Gebieten wie dem Kosovo) die Rolle eines Weltpolizisten zu übernehmen, da sie schließlich auch der Motor und der größte Nutznießer des Weltwirtschaftssystems seien (1999). Manch einer mag sich hier nicht so weit aus dem Fenster lehnen wollen, vieles aber spricht für seine Überlegung. Es ist vielleicht nicht leicht zu durchschauen, auf welchen Wegen Amerikas beherrschende Stellung in einer Weltwirtschaft, die mit alarmierender Geschwindigkeit zugleich mehr Reichtum und mehr Verlierer produziert, dem flächenbrandartigen Antiamerikanismus einheizt. Im nächsten Kapitel werde ich mich damit näher beschäftigen. Doch die Verbindungen, so subtil, vielgestaltig und untergründig sie auch sein mögen, es gibt sie zweifellos.

Kehren wir nun zu dem komplizierten Schaltsystem zurück, das soziale Verunsicherung heute mit der Unsicherheit in und zwischen Staaten verknüpft. Diese neue Situation läßt sich als ein Zustand weltweiter Unsicherheit beschreiben, aus dem immer mehr *Unsicherheitsstaaten* (wie wir sie nennen wollen) hervorgehen. Besonders von südasiatischen Wissenschaftlern wird die Debatte um das Verhältnis von Sicherheit und Unsicherheit derzeit äußerst produktiv geführt, wie eine von Rajesh M. Basrur herausgegebene Aufsatzsammlung belegt (2001).*

In der – scheinbar hinter uns liegenden – Welt der Realpoli-

* Und darin vor allem der ausgezeichnete Aufsatz von Jayadeva Uyangoda, dessen Unsicherheitsbegriff sich interessanterweise weitgehend mit meinem eigenen deckt.

tik waren Fragen der staatlichen Sicherheit relativ eindeutig von den alltäglichen Verunsicherungen der Bürger (oder Zivilisten, wie ich sie nenne) getrennt. Bei ersteren ging es um Krieg und Frieden, Diplomatie und Landesgrenzen, um Rüstungsetats und Weltpolitik. Bei letzteren ging es um Recht und Ordnung im Innern, soziale Stabilität und Routine, ein zuverlässiges Wissen um die Welt der Freunde und Nachbarn, das Gefühl, im öffentlichen und privaten Raum zu Hause zu sein, und darum, daß die Welt im großen und ganzen morgen noch so aussehen würde wie heute. In der Gegenwart aber sind die Bedrohung der staatlichen Sicherheit und die Verunsicherung von Zivilpersonen und zivilen Räumen auf verstörende Weise miteinander verflochten, und es ist der Terrorismus, der uns diese Verflechtung besonders drastisch vor Augen führt.

Wie man an Südasien sehen kann, wird dieser Prozeß von zwei Seiten aus angestoßen. Lokalpolitische Zwistigkeiten, örtliche Wahlen, Gerüchte oder Konflikte stellen mit einem Mal die Identität des eigenen Nachbarn oder Mitbürgers in Frage. Vorzugsweise ist es die ethnische Identität des Anderen, die zu einer Verunsicherung führt, doch auch Merkmale wie Sprache, Kleidung, Geschlecht, Nahrung oder Rasse können hier als Auslöser fungieren. Wenn sich diese Verunsicherung in allgemeinere Prozesse wie demographischen Wandel, größere Bevölkerungsumwälzungen oder wirtschaftlichen Niedergang einschreibt und durch massenmediale Exzesse oder staatliche Propaganda weiter Nahrung bekommt, dann wird die Mischung aus sozialer Gewißheit und Verunsicherung explosiv; die Gewalt kann sozusagen Metastasen ausbilden. Auf der anderen Seite kann eine Bedrohung der staatlichen Sicherheit durch gezielte Massenmobilisierung, durch Politisierung des Militärs, durch eine Politik selektiver Inhaftierung oder Repression, durch Überwachung bestimmter, nach ethnischen Gesichtspunkten ausgewählter Gemeinschaften und durch die rechtliche Diskriminierung von Minderheiten oder Migranten in das Gewebe der Zivilgesellschaft eindringen. Eine solche Bedrohung der staatlichen Sicherheit wird besonders dort virulent, wo Staaten den selbstverständlichen Bezug zur Massenpolitik verloren haben, wo im Namen globaler Interessen und Kräfte eine zweischneidige Wirtschaftspolitik betrieben wird, die bestimmte Teile der Bevölkerung benachteiligt, und wo Staaten im Begriff sind, eine Politik der staatlich betriebenen wirtschaftlichen und sozialen Entwicklung (*developmentalism*) zugunsten einer kulturell bestimmten Politik aufzugeben.

Indien stellt in dieser Hinsicht einen besonders interessanten Fall dar, weil die Politik der BJP-geführten Koalition bislang eine merkwürdige Mischung aus marktwirtschaftlicher Rhetorik (dazu gehört etwa die Einrichtung eines nationalen Ministeriums für den »Investitionsabbau« (*disinvestment*), Technologieverliebtheit – wie etwa die Verherrlichung der Informationstechnologie und das Hofieren der vor allem in der IT-Branche tätigen Auslandsinder) und kulturellem Fundamentalismus darstellte – nach dem Motto: »offene Märkte – geschlossene Kulturen«. Die anhaltenden Spannungen zwischen der offiziellen BJP-Führung, der Führung der Rashtriya Swayamsevak Sangh (der Nationalen Freiwilligenorganisation) und dem sogar noch radikaleren Flügel der hinduistischen Rechten entzünden sich vor allem an der Frage, wie sich ökonomische und kulturelle Zuständigkeiten zueinander verhalten. Obwohl die BJP ihre Glaubwürdigkeit aus ihrer Betonung des kulturellen Erbes und der Frage historischer Angemessenheit aus hinduistischer Sicht bezieht, ist ihre Politik, gerade im Zuge der nuklearen Aufrüstung des indischen Militärs, immer militaristischer geworden. Seit Indien offiziell Atommacht ist und seit dem Sieg über Pakistan im Kargil-Krieg (1999) haben die BJP und ihre Verbündeten unablässig versucht, Modernität mit Technologie (insbesondere Informationstechnologie) und Tradition mit Hinduismus gleichzusetzen und sich als Wächter über beides aufzuspielen. Zum Kernbestand dieser zweigleisigen Strategie gehört eine massive Steigerung der Waffenproduktion, besonders von Waffensystemen, die in Zusammenhang mit der Nukleartechnik stehen; eine kompromißlose Haltung in der Kaschmirfrage; und der feste Wille, die pakistanische Bedrohung der äußeren Sicherheit mit den vom Islam (aber auch von anderen »fremden« Religionen) ausgehenden inneren Gefahren für die indische Reinheit zu verknüpfen. Die Verherrlichung der Informations- und Militärtechnologie geht also Hand in Hand mit einer immer rücksichtsloseren Hinduisierung der indischen Zivilgesellschaft. Es bleibt abzuwarten, ob die seit 2004 regierende Kongreßpartei diese Entwicklung umzukehren vermag.

Die Aktionen verschiedener Widerstandsgruppen, die in Kaschmir mit Waffengewalt gegen den indischen Staat vorgehen und ihren Kampf zunehmend auf indische Städte und Einrichtungen außerhalb Kaschmirs ausdehnen, sind für den Staat eine willkommene Gelegenheit, im Namen der Sorgen der Bürger in bezug auf Grenzen, Sabotage und terroristische Anschläge im Land noch stärker in die Zivilgesellschaft vorzudringen. Damit soll nicht verschwiegen werden, daß in Indien tatsächlich ausländische Interessen im Spiel sind, denen gegebenenfalls auch mit massiver Gewalt Nachdruck verliehen wird. Ich möchte lediglich hervorheben, daß diese Gewalt bisher Wasser auf die Mühlen derer war, die die Kriegsmetaphorik immer weiter in die Nischen des Alltags spülen wollten. Für einen Großteil der indischen Mittelklasse und der städtischen und ländlichen Arbeiterklasse ist der Alltag mittlerweile unwiderruflich vom Gefühl eines Kulturkampfes geprägt, in dem sich Kriege und Grenzpolitik mit Wachsamkeit und einer Reinigung im Innern verbinden. Von Wagah (einem Posten an der Grenze zu Pakistan) bis nach Ayodhya wurden lediglich die Kriegskulissen verschoben, und hier gibt es eine Verbindung zwischen Pakistan, seinen Terroristen, indischen Muslimen und ihrem impliziten Verrat. Der erfolgreiche Versuch der Mumbaier Polizei, 2002 die Aufführung eines Theaterstückes über (Mahatma Gandhis hinduistischen Mörder) Nathuram Godse auf Marathi zu verhindern, war zweifellos von der öffentlichen Meinung getragen, daß sich Indien mit Pakistan (praktisch) im Krieg befinde. Staatliche Eingriffe dieser Art bestärken die tägliche Unsicherheit. An einem Ort wie Mumbai trifft das Gefühl der Unsicherheit irgendwann auf Zeitungsberichte über muslimische Terroristen, die (angeblich von Al-Qaida oder ähnlichen Netzwerken finanziert) in ihren Slums lebten wie Gott in Frankreich, und auf allgemeinere Forderungen nach einer »Säuberung« der vorwiegend muslimischen Slums, weil sie angeblich perfekte Verstecke für Terroristen aus Kaschmir oder anderen Regionen seien. Wenn hier im Hinblick auf ärmere muslimische Viertel (etwa in Delhi) von einer »Ausrottung des Ungeziefers« die Rede ist, so bedient man sich ungerührt des nationalsozialistischen Vokabulars.

Im Zeitalter des globalen Terrorismus potenzieren sich also staatliche Sicherheitsbedenken und das Gefühl sozialer Verunsicherung angesichts ethnisch definierter anderer gegenseitig. Denn sobald einmal gezeigt werden kann, daß der Terrorismus Staatsgrenzen überwindet (was er zweifellos tut) und daß er mit List und Tarnung arbeitet, dann läßt sich diese Verbindung leicht ziehen und instrumentalisieren. Und um noch einmal den Topos der Vivisektion zu bemühen: Staatlich begünstigte Gewalt gegen Terroristen und lokale Gewalt gegen den ethnisch fremden Nachbarn suchen in der Zurschaustellung des gefangenen, verwundeten oder erniedrigten Feindeskörpers gemeinsam einen Beweis für ebenjenen Verrat, den sie zu annullieren trachten. In der Totenruhe oder der Unterwerfungsstarre werden die Körper der Terroristen zu stummen Monumenten des Feindes im Innern, zum Beweis für den Verrat in seiner ganz pathetischen Alltäglichkeit.

Terror in der Kapitale des Kapitals

Die Vereinigten Staaten wurden nach dem 11. September in eine Reihe neuer Schlachten um staatliche Sicherheit und zivile Verunsicherung verwickelt. Genau wie in Indien haben die Anschläge des 11. September zu einer bis dato unbekannten Übereinstimmung zwischen den alltäglichen sozialen Verunsicherungen über uns und die anderen und den Sicherheitsbedenken eines wildgewordenen Megastaates geführt. Seit dieser Gulliver nun von den vielen Liliputanern, die ihm schon eine ganze Weile zur Last fielen, entfesselt wurde und zunächst in Afghanistan und dann im Irak verheerenden Schaden angerichtet hat, geht er nun auch mit illegalen Immigranten, verdächtigen Reisenden und jeder Art von Widerspruch hart ins Gericht. Es wurden neue Debatten um die Grenzen staatlicher Überwachung, die Verfassungskonformität von Militärprozessen gegen die unmittelbar nach dem 11. September verhafteten Terrorverdächtigen und um die Notwendigkeit geführt, ethnische Minderheiten nach dem 11. September vor durch blanken Haß motivierten Verbrechen zu schützen.

Die Terrorproblematik gehorcht in den Vereinigten Staaten einer ganz anderen Logik als in Südasien. In den USA hat der Terrorismus neue Diskussionen um Zuwanderung – wohl Amerikas gravierendstes politisches Dilemma der letzten 50 Jahre – und um bürgerliche Rechte, vor allem um die

Rechte auf Privatheit und auf Bewegungsfreiheit, ausgelöst. Er hat es fast unmöglich gemacht, die massive Erhöhung des Verteidigungsetats ernsthaft zu kritisieren. Und er schürt eine Angst, die so schrecklich ist, daß kaum einer sie zur Kenntnis nehmen will: Daß es nämlich eine Querverbindung zwischen Timothy McVeighs Anschlag auf das Bürogebäude der Bundesverwaltung in Oklahoma City und den Anschlägen auf das World Trade Center Anfang der neunziger Jahre und am 11. September 2001 geben könnte.

Dieser letzte, entscheidende Punkt stiftet einen Zusammenhang zwischen den Permutationen des Terrorismus an so unterschiedlichen Zentren der Weltwirtschaft. Egal ob in den Vereinigten Staaten oder in Indien: Der von zellularen Netzwerken organisierte Terror läßt die vertebralen Strukturen des Staates vor Angst erstarren und verwischt die Grenzen zwischen inneren und äußeren Feinden. Auf der ganzen Welt verschärfen Terroristen deshalb unsere Sorgen um die Autorität der Staaten, um nationale Identität und jene ethnische Reinheit, auf die alle Nationen in irgendeiner Form angewiesen sind. Das macht unsere Terroristen (in den Vereinigten Staaten, in Indien oder andernorts) doppelt furchteinflößend: Selbstverständlich sind sie bösartig, sie scheinen auf irgendeine Weise aber auch Symptome der üblen Verfassung unserer sozialen und politischen Körper zu sein. Man kann sie nicht einfach austreiben wie böse Geister oder amputieren wie kranke Gliedmaßen. Sie zwingen uns zu einer ernsthaften Auseinandersetzung mit unseren Staaten, unserer Welt und mit uns selbst.

Wir können nun versuchen, den Kreis zu schließen und die schreckliche Symmetrie zwischen der *Macht* kleiner Gruppen – dem hervorstechenden Merkmal des zellularen Terrorismus und der Selbstmordattentäter – und der *Furcht* vor kleinen Gruppen – der paradoxen Schwäche der liberalen Demokratie im Zeitalter der Globalisierung – aufzuklären.

Kurz vor Drucklegung der englischen Ausgabe dieses Buches im Juli 2005 wurde die Stadt London und mit ihr die gesamte britische Nation von einer Serie von Bombenattentaten erschüttert. Als Urheber dieser verheerenden Anschläge konnte eine Gruppe junger Männer identifiziert werden, die alle als Einwanderer im multikulturellen Großbritannien lebten. Vielleicht hatten sie sich hier innerhalb des verzweigten Netzwerks der Moscheen, Religionsschulen und islamischen Gemeinschaften kennengelernt. Obwohl diese Gruppe durchaus interne Differenzen aufwies und viele Fragen dazu, wie aus ihnen Großstadt-Terroristen wurden, noch unbeantwortet sind, scheint doch klar zu sein, daß einige der Bombenattentäter und ihre Familien zur pakistanischen Diaspora Englands gehörten und Verbindungen in den indischen Bundesstaat Gujarat unterhielten. Was bedeutet das für den allgemeineren Zusammenhang, den ich hier zwischen Minderheiten, Verunsicherung, Globalisierung und Gewalt aufzuzeigen versuche?

Die Londoner Bombenanschläge geben uns Gelegenheit, die Ereignisse des 11. September noch einmal neu zu betrachten und die Dynamik von Terror und Ethnozid an einer Faser des globalen Gewebes detaillierter zu untersuchen. Wie wir schon gesehen haben, wurden die indischen Muslime von seiten der hinduistischen Rechten erfolgreich als potentielle Verräter der indischen Nation, als Geheimagenten Pakistans auf indischem Boden und als Werkzeuge des globalen Islam zur

Unterminierung des hinduistischen Indien dargestellt. Kurz nachdem die Vereinigten Staaten als Reaktion auf die Anschläge des 11. September dem Terror weltweit den Krieg erklärt hatten, wurde die muslimische Minderheit des Staates Gujarat im Februar 2002 Opfer massiven, staatlich unterstützten Terrors.

Obgleich die BJP, die diesem Ethnozid im demokratischen Staat Indien Vorschub leistete, die nationalen Parlamentswahlen von 2004 verlor, ist sie in Gujarat nach wie vor an der Macht. Auch jene BJP-Politiker, die die Mehrheitsbevölkerung in Gujarat vorsätzlich aufwiegelten, sind in diesem wichtigen Bundesstaat weiterhin in Amt und Würden. Nach wie vor ist Gujarat eine Brutstätte des politischen Hasses auf Muslime und der staatlich geförderten Furcht vor Pakistan.

Unterdessen sind viele junge Muslime (von denen viele aus den indisch-pakistanischen Grenzregionen stammen) in der multikulturellen Welt der britischen Diaspora herangewachsen, in der sie keineswegs gleichberechtigte Bürger sind. Hier sind sie den Botschaften der islamischen Mullahs ausgeliefert, die sich in einem dauerhaften Krieg gegen den Westen wähnen; wenig überzeugt vom britischen Mix aus offiziellem Multikulturalismus und tagtäglichem Rassismus und im Bewußtsein der Angriffe auf ganz gewöhnliche Muslime in der gesamten westlich-liberalen Welt, werden sie zudem von liberalen Minderheiten in Großbritannien unter Druck gesetzt. Internet-Berichte über Angriffe auf Muslime in Palästina, in Kaschmir, in Gujarat oder New York tun ein übriges. Und zugleich sagen ihnen muslimische Geistliche und ihre radikalisierten Glaubensbrüder in Großbritannien, daß sie in Wahrheit nicht zu einer verschreckten Minderheit, sondern zu einer furchteinflößenden Mehrheit gehören, nämlich zur weltweiten Gemeinde der Muslime.

In diesem Zusammenhang weicht ihr Selbstverständnis, eine gekränkte Minderheit zu sein, gelegentlich dem Selbstbild einer Minderheiten-Avantgarde, die in Wahrheit für eine heilige Mehrheit spricht. Diese selbstkonstruierte Minderheit hat wenig mit der vom britischen Staat imaginierten Minderheit zu tun. Zusammengewachsen aus den Schnipseln und Fetzen des britischen Multikulturalismus, muß man die neuen Minderheiten, aus denen sich die Londoner Attentäter rekrutierten, tatsächlich fürchten, weil sich in ihnen eine gekränkte globale Mehrheit auf destruktive Weise Gehör verschafft.

Man kann diese Geschichte auf zweierlei Art und Weise deuten. Wir können darin eine der unzähligen Varianten entdecken, in denen sich eine uralte Kolonialgeschichte mit der Dynamik der globalen Minderheitenpolitik verbindet. Die Teilung des indischen Subkontinents ist ohne eine ganze Reihe institutioneller Veränderungen unvorstellbar, die von den Engländern in der indischen Kolonie eingeführt wurden. Von religiösen Kategorien in den Volkszählungen des 19. Jahrhunderts über getrennte Wahlen für Hindus und Muslime im frühen 20. Jahrhundert bis hin zu »Teile und herrsche«-Strategien, die geradewegs zur Gründung zweier Nationen im Jahr 1947 führten. Diese Kolonialgeschichte bereitete andererseits den Boden für eine der blutigsten politischen Teilungen der Moderne, die Indien und Pakistan für mehr als ein halbes Jahrhundert in einen Zustand permanenter Feindschaft brachte. Ein Teil dieser benachteiligten muslimischen Bevölkerung Indiens und Pakistans landete in Großbritannien, wo Ende der achtziger Jahre um Salman Rushdies *Die satanischen Verse* gestritten wurde und wo sich Tony Blair 2003 auf aggressive Weise die amerikanische Irak-Mission zu eigen machte. Auf indischer Seite führten die Wunden der Teilung unmittelbar zum Aufstieg des hinduistischen Fundamentalismus in

Gujarat und zu einem Pogrom an der muslimischen Bevölkerung im Jahr 2002. Junge Muslime (indischen oder pakistanischen Ursprungs) in Großbritannien konnten nicht umhin, die New Yorker Anschläge vom 11. September, den Krieg im Irak und in Afghanistan, die unaufhaltsame Verrohung ihrer muslimischen Glaubensbrüder in Palästina, den Pogrom an Muslimen in Gujarat im Jahr 2002 und die Tatsache, daß die indische Justiz die Drahtzieher dieser Verbrechen gegen die Menschlichkeit bis heute nicht zu Rechenschaft gezogen hat, in einen Zusammenhang zu bringen.

Wir können diese Geschichte aber auch auf der synchronen Ebene strukturell als Lektion über die heikle Dynamik lesen, die im letzten Jahrzehnt des 20. Jahrhunderts in vielen demokratischen Gesellschaften das Verhältnis von Mehrheiten und Minderheiten diktierte. In dem Maße, wie einige demokratische Länder dazu neigen, sich ihre eigenen internen Minderheiten zu konstruieren, die insgeheim als verkleidete externe Mehrheiten gelten, beginnen Teile dieser Minderheiten – oftmals gebildete, unzufriedene junge Leute –, sich lieber mit der zellularen Welt des globalen Terrors zu identifizieren als mit der isolierten Welt nationaler Minderheiten. Auf diesem Wege verwandeln sie sich von einem bestimmten Minderheitentyp – schwach, entmachtet, entrechtet und zornig – in einen anderen Minderheitentyp – zellular, globalisiert, transnational, bewaffnet und gefährlich. Und in diesem Transformationsprozeß reifen die Rekruten des globalen Terrorismus heran.

Die Geschichte muslimischer Minderheiten im 21. Jahrhundert ist sicherlich das anschaulichste Beispiel für diese schreckliche Symmetrie zwischen der Furcht vor kleinen Gruppen und ihrer großen Macht; sie ist jedoch beileibe kein Einzelfall. Die Welt ist voll zorniger Minderheiten, die potentiell in der Lage wären, sich zellular zu organisieren. Wie das funktioniert, konnten wir bereits bei militanten Sikhs, Basken, Kurden, Tamilen und anderen benachteiligten Minderheiten beobachten, die zu globalen Diaspora-Gemeinschaften wurden. Wir sollten uns also vor dem Fehler hüten, zu glauben, die DNA des Islam enthalte ein Gen für die Verwandlung willfähriger in furchteinflößende Minderheiten. Mit diesen Erkenntnissen über das Verhältnis zwischen der Gewalt gegen Minderheiten und der Gewalttätigkeit von Minderheiten können wir nun in jene Welt der ideologischen Kriegsführung zurückkehren, in der wir heute leben.

6. Graswurzelglobalisierung im Zeitalter des Ideozids

Samuel Huntingtons These vom Kampf der Kulturen (1996) ist im wesentlichen falsch. Doch seit dem 11. September hat sie an Plausibilität gewonnen. Huntingtons auf Kultur fokussiertes Modell fängt intuitiv etwas von dem Gefühl eines generalisierten Krieges gegen den Westen, insbesondere die Vereinigten Staaten, ein, das die islamische Welt und vor allem den islamischen Terrorismus erfaßt zu haben scheint.

Was an diesem Modell auf fatale Weise falsch ist, ist das Bild, das es von Zivilisationen zeichnet. Ihm zufolge sind sie teilweise rassisch, teilweise geographisch, teilweise durch Religionszugehörigkeit bestimmt, immer aber gelten sie als Bollwerke der Kultur. Wir haben es hier mit einem Ursprungsdenken auf der makrogeographischen Ebene zu tun, das die Unzahl globaler Interaktionen zwischen Zivilisationsräumen ignoriert, Dialoge und Debatten innerhalb geographischer Regionen negiert und deren Überschneidungen und Vermischungen verleugnet. Es treibt der Kultur mit anderen Worten die Geschichte aus und läßt nichts als Geographie übrig. Die Welt erscheint wie ein Gebilde aus zahlreichen, sich langsam voranschiebenden kulturellen Gletschern, die durch scharfe Grenzen voneinander getrennt und im Innern jeweils vollkommen homogen sind. Eine solche Verräumlichung der Kultur, mit breitem Strich in den Topos der Zivilisation gemalt, öffnet auch dem gefährlichen Zusammenfallen von Religion, Kultur und Ethnie in Huntingtons These Tür und Tor.

All diese Einwände wurden schon äußerst pointiert formuliert, seit Huntington seinen Ansatz vor einigen Jahren vorstellte. Man muß aber auch konzedieren, daß er in einem gewissen intuitiven Sinne recht gehabt hat. Huntington erkannte nämlich, daß keineswegs das »Ende der Ideologie« gekommen war, wie Daniel Bell in den fünfziger Jahren meinte, oder ein »Ende der Geschichte« im Sinne Francis Fukuyamas, sondern daß im Namen der Ideologie vielmehr eine neue Phase des Krieges begonnen hatte (Bell 1961; Fukuyama 1992). Huntington beging nur den Fehler, Boten und Botschaft miteinander zu identifizieren und die komplexe Wirklichkeit ideologischer Kriege auf einer physischen Karte der Landmassen einzutragen, die er als Heimat antagonistischer Zivilisationen begriff. Besonders im Hinblick auf den Islam aber ist uns dieser Fehler teuer zu stehen gekommen. Er beflügelte nämlich die territorialen Phantasien, die George W. Bush und seine Berater veranlaßten, Al-Qaida in Afghanistan zu lokalisieren und die Terrorzelle durch Vernichtung eines Landstrichs ausradieren zu wollen.

Doch selbst Bush und seine Kumpane waren sich von Anfang an darüber im klaren, daß der neue Feind etwas räumlich nicht Faßbares – tatsächlich Virtuelles – an sich hat. Unsere Unterscheidung zwischen vertebralen und zellularen Organisationen versucht, dieser Eigenart Rechnung zu tragen. Vor dem Hintergrund dieser Unterscheidung könnte man dem Huntingtonschen Modell vorhalten, es sei ein vertebrales Modell für eine zellulare Welt. Was Huntington dennoch richtig gesehen hat, ist das Aufkommen neuer Spielarten totaler Ideologien, besonders hinsichtlich des Hasses auf die Vereinigten Staaten. Und hier kommt der Gedanke des »Ideozids« ins Spiel.

Ideozid und Zivizid

Der Begriff des »Ideozids« verweist auf ein neues, globales, äußerst beunruhigendes Phänomen. Er entspricht etwa dem, was Daniel Goldhagen als ersten Schritt zum nationalsozialistischen Ethnozid und Genozid am Weltjudentum betrachtet (1996). Von »Ideozid« soll im folgenden dann die Rede sein, wenn ganze Völker, Länder oder Lebensformen für schädlich erachtet, wenn sie als dem Kreis der Menschheit nicht zugehörig befunden und als angemessene Ziele für das angesehen werden, was Orlando Patterson in seinem Buch über Sklaverei »gesellschaftlichen Tod« genannt hat (1982). Die Vorstellung eines Kulturkampfes fängt dieses starke Gefühl nicht wirklich ein. Lieber sollte man es als Zusammenprall der *Ideozide* oder der *Zivizide* bezeichnen. Die besagte Politik ist nicht nur ethnozidal oder genozidal, da diese Begriffe ihre Bedeutung aus dem Haß auf »innere« Minderheiten beziehen. Ein Ideozid oder Zivizid externalisiert dieses Gefühl und brandmarkt ganze Ideologien, Landstriche oder Lebensformen als nicht länger allgemein sittlicher Betrachtung würdig. Und im Gegensatz zu Vorläufern wie dem manichäischen Weltbild des Kalten Krieges, als beispielsweise der Kommunismus für Amerikaner zum totalen Objekt des Abscheus wurde, stehen hier nicht mehr einzelne Staaten oder politische Systeme am Pranger, sondern ganze Ideologien und Zivilisationskonzepte.

Auf den ersten Blick sieht es vielleicht so aus, als würde ich Huntingtons These nur ein bißchen umformulieren wollen. Doch indem ich Huntingtons Idee eines Kampfes oder Zusammenpralls der Kulturen durch das Konzept der Säuberung ersetze, kommt eine völlig neue Qualität ins Spiel, mit der sich auch der Fokus der Analyse von politischen Systemen auf ganze Bevölkerungen verschiebt (was man vielleicht den »Bin-Laden-Effekt« nennen könnte). Indem wir unseren Blick auf verschiedene Zivilisationskonzepte und nicht, wie Huntington, auf unterschiedliche Zivilisationen richten, bekommen wir zudem die Tatsache in den Blick, daß diese totalisierenden Schlachten *innerhalb* der großen Traditionen und Regionen der Welt, nicht nur *zwischen* ihnen, geschlagen werden (der gravierendste Fehler des Huntington-Modells). Der von westlichen Medien heute fast vergessene, lange und verlustreiche Krieg zwischen dem Iran und dem Irak etwa war auch eine große Schlacht zwischen den islamischen Konfessionen der Schiiten und Sunniten, eine Schlacht, die von beiden Regimen nach dem Aufstieg Ayatollah Khomeinis durch Intrigen sicherlich weiter angeheizt wurde. Am meisten trägt vielleicht die weltweite Zunahme der gegen Minderheiten gerichteten ethnischen Säuberung zum Verständnis der neuen Logik des Ideozids und Zivizids bei. Hitler war der erste, der eine innere Angelegenheit (die deutschen Juden) mit einem globalen Projekt (der Ausrottung des Weltjudentums) verband. Elemente einer solchen Globalisierung einheimischer Sündenböcke waren in den letzten zehn Jahren an vielen Orten zu beobachten. Umgekehrt gibt es zunehmend die Tendenz, die globalen moralischen Feinde in moralischer Hinsicht mit unseren lokalen oder einheimischen Feinden zu identifizieren. Diese doppelte Logik – einheimische moralische Gegner zu globalisieren und weit entfernte moralische Feinde zu regionalisieren – ist der Schlüssel zum Verständnis von Ideozid und Zivizid. Sie fügt den bekannten Formen des Ethnozids oder Genozids eine mächtige globale Komponente hinzu.

Die Schwierigkeit, Alternativen zu Huntingtons Modell zu finden, hat mit der amerikanischen Kultur im allgemeinen zu tun. Zweifellos ist der Haß auf die amerikanische Regierung und die Amerikaner als Volk in vielen Erdteilen, Klassen, religiösen Gruppen, unter Intellektuellen wie unter normalen Bürgern sehr viel verbreiteter, als wir zuzugeben bereit sind. Man sollte sich die Mühe machen, diesen Haß zu verstehen. Er ist in keiner Weise auf die islamische Welt beschränkt, sondern geht im Urbild des häßlichen Amerikaners auf die alltägliche Arroganz der Amerikaner in der unmittelbaren Nachkriegszeit zurück. Als Touristen, Modernisierer, Weltbank-Angestellte, Missionare, Forscher, Wohltäter und Philanthropen haben Amerikaner damals, besonders unter dem Eindruck der Schlacht gegen das Reich des Bösen, jede Distanz zwischen sich selbst als Volk und ihrer Regierung aufgehoben. Immer schienen sie zugleich kulturelle Botschafter ihres Landes zu sein. In gewisser Weise wurde jeder Amerikaner, den es an einen x-beliebigen Ort außerhalb Europas verschlug, als Inkarnation technologischer, militärischer, kultureller oder Bildungsprivilegien gesehen. Er stellte diese Privilegien zur Schau und rationierte ihre Zuteilung. Jeder Bettler, der nach 1945 einmal irgendwo vor einem Luxushotel gestanden und darauf gewartet hat, daß ihm ein amerikanisches Paar etwas Freundlichkeit oder einige Pennys schenken würde, ist potentiell ein kleiner Mudschaheddin. Und jeder Amerikaner, der irgendwo in Asien, Afrika oder im Nahen Osten den Hohn eines Bettlers erlebt hat, weiß, daß in jeder Bitte versteckte Drohungen und tiefe Abneigung stecken. Rudyard Kiplings Gunga Din ist tot.

Der zunehmende Antiamerikanismus hat auch eine kulturelle Dimension. Deutsche oder Japaner, die sich daneben benehmen, werden in der Regel nicht als Botschafter ihrer Regierungen angesehen, Amerikaner aber fast immer. Woran liegt das? Es liegt daran, daß Amerikaner mit ihrer Kleidung, ihrem Stil, mit dem, was sie besitzen oder zu tun pflegen (etwa in der Dritten Welt um die Hotels zu joggen), die kulturelle Maschinerie zu verkörpern scheinen, die Amerika auf den Bildschirmen der Welt repräsentiert: die schönen Körper von *Baywatch*, die körperlichen Ausmaße der Schwarzeneggers und Stallones, die Kraft und Entschlossenheit von *NYPD Blue*, den jovialen Humor von *I Love Lucy* und die mitfühlende Art Oprah Winfreys (Sendungen, die in der ganzen Welt beliebt sind). Da der Lebensstil heute überall zum wichtigsten Zeichen der moralischen Haltung geworden ist, beschwören normale Amerikaner die Macht und Arroganz des amerikanischen Staates herauf. Weltweit nimmt man heute an, moralische Haltungen seien von staatlichen Interessen und Vorgaben diktiert. Auf merkwürdige Weise wächst also die Neigung, amerikanische Körper, amerikanischen Glamour und die notorische Macht des amerikanischen Staates als Einheit zu betrachten. In den Augen jener Ideologen, die die Körpermoral zu einem wesentlichen Faktor der staatlichen Sicherheit erklärt haben, scheinen Amerikaner gleichermaßen die Nike-Turnschuhe an ihren Füßen und die Nike-Raketen in ihren Silos zu symbolisieren. Man kann sich vorstellen, daß die meisten Amerikaner, die die ärmeren Teile der Welt bereist, dort gelebt und gearbeitet haben, von dieser Lesart dessen, was sie repräsentieren, entsetzt wären?

Vielerorts wurde diese Gleichsetzung durch massive amerikanische Militärschläge gegen weniger privilegierte Länder (wir können bei Hiroshima und Nagasaki beginnen, mit Korea und Vietnam fortfahren, ein Paar Zwischenstops in Kuba, Chile, Panama, im Iran, Irak und Afghanistan einlegen und dürfen dabei Bangladesch, Somalia und Haiti nicht vergessen) und die unverwechselbare Washingtoner Handschrift bei manch schwieriger Auflage des Internationalen Währungsfonds oder der Weltbank weiter befördert.

Am schwersten aber ist zu verstehen, daß ein Großteil der Welt offenbar sehnlichst in die Vereinigten Staaten einreisen, die dortigen Freiheiten und unternehmerischen Möglichkeiten auskosten, in den Genuß dortiger Güter und Dienstleistungen kommen und die Welt ganz allgemein lieber vom Cockpit als aus den letzten Reihen der Touristenklasse sehen will. Für die meisten Amerikaner ist dieser Umstand sehr verwirrend. Wie können uns soviele Menschen für das hassen, wonach sie so verzweifelt suchen, wenn sie unsere Grenzen stürmen, unsere Visa beantragen und unsere Küsten auf jede erdenkliche Weise – schwimmend, fliegend, segelnd etc. – zu erreichen versuchen? Wozu eine solche Kraftanstrengung, um in ein Land zu gelangen, das man verachtet? Warum ausgerechnet die Freuden bekämpfen, die man selbst genießen möchte?

Den Grund für all das finden wir weder in der Verwüstung Afghanistans nach dem Krieg gegen die Sowjets und dem Anti-Marshallplan der Amerikaner nach dem sowjetischen Abzug aus Afghanistan noch in den palästinensischen Flüchtlingslagern des Libanon oder andernorts und auch nicht in jenen schattigen pakistanischen Koranschulen, in denen die Taliban angeblich aufgehetzt und verdummt wurden, obwohl man diese Faktoren sicher nicht ignorieren darf. Doch wenn man mit Taxifahrern in Amerika spricht, so kann man eine Ahnung bekommen, worum es geht. Oftmals haben diese Taxifahrer wenig Geld, stammen aus einfachen Verhältnissen; sie sind häufig gebildet, mobil, talentiert und fest entschlossen, die Vereinigten Staaten mit ihrem Taxi zu erobern. Viele von ihnen (die, sofern es nicht Afroamerikaner oder Hispanics sind, in ihrer überwiegenden Mehrheit aus Südasien und

Afrika stammen) sind übereifrige Amerikaner, stolz darauf, ihren Lebensunterhalt selbständig zu verdienen, ihr eigener Chef zu sein, ihren Kindern oder sich selbst eine Ausbildung in den Vereinigten Staaten finanzieren zu können. Jeder dritte Taxifahrer büffelt mit Lehrbüchern für die Microsoft Certifications und träumt vom Cyber-Paradies. Andere haben handfestere Ziele: noch ein Paar Taxis, eine Tankstelle oder vielleicht ein kleiner Lebensmittelladen.

Manche aber reden mit unglaublicher Verachtung über Amerikaner, über die Kriminalität der Schwarzen, über die sexuelle Freizügigkeit der Weißen, über die Unmoral auf allen Ebenen, über die Scheinheiligkeit der Polizei und der städtischen Behörden, über den täglichen Rassismus, dem sie ausgesetzt sind. Aus dieser moralischen Verachtung kann man seine Schlüsse ziehen – nicht nur hinsichtlich der Scheinheiligkeit. Als Kulturkritiker des amerikanischen Alltags glauben diese Menschen, die Höhle des Löwen nur in einem moralischen Kokon überleben zu können. Sie haben einen Weg gefunden, das Leben in Amerika (das sie lieben und schätzen) vom amerikanischen *way of life* zu unterscheiden, den sie besonders in Fragen der Sexualmoral verabscheuen. Eine solche Unterscheidung ist nicht ganz leicht zu treffen, denn sie fügt sich selbst nahtlos in jene Ideologien ein, die den amerikanischen Alltag prägen.

Die »Elenden« der Welt, die in den Vereinigten Staaten ihr Glück suchen, befinden sich in einem merkwürdigen Zwiespalt. Als Amerikaner haben sie einen ausgeprägten Sinn für ihre Rechte und Freiheiten, die sie tunlichst in vollen Zügen genießen wollen. Als Nicht-Amerikaner aber sind sie möglicherweise von diesem Land befremdet oder gar abgestoßen. Für solche (legalen oder illegalen) Einwanderer sind bürgerlicher und politischer Patriotismus auseinandergetreten. Durch das Meer von Flaggen und anderen Emblemen, die sie etwa in den Straßen von New York feilbieten, versuchen sie, diese Kluft zu verschleiern.

Ein anderes Beispiel finden wir weiter oben in der globalen sozialen Hierarchie. Die meisten Angehörigen der gebildeten indischen Oberschicht meiner Generation (50-60 Jahre alt) haben Verwandte oder Freunde in den USA; in der Regel bekleiden sie hohe Positionen in Medizin, Technologie, der IT-Branche, im Banken- oder Finanzwesen. Die Jüngeren von ihnen sind wirklich Meister dieses Universums. Sie arbeiten als Unternehmer, beraten Bürgermeister und Regierungen, stehen an der Spitze großer Zeitschriften und wichtiger Verlagshäuser, lassen sich neue Bio- oder Computertechnologien patentieren und lehren an amerikanischen Eliteuniversitäten. Viele dieser privilegierten Inder schicken ihre Kinder auf ein amerikanisches Elitecollege oder wollen dies eines Tages tun und helfen ihren Kindern nach dem Studium bei der Jobsuche. Mit ausgeklügelten Strategien und unermüdlicher Kraft jagen sie diesem Amerika hinterher. All das trifft sogar noch mehr auf jene Mitglieder der indischen Oberschicht zu, die in Indien geblieben sind. Dennoch kann man hier nicht von Scheinheiligkeit sprechen. Welchen Reim soll man sich darauf machen, daß ein Großteil dieser in Indien oder sonstwo ansässigen Oberschicht nichts mehr liebt, als über die USA zu schimpfen (wahlweise über die amerikanische Regierung, die Kulturindustrie oder einfach über den Amerikaner an sich), während sie doch andererseits ihrer Version des amerikanischen Traums nachjagt – sei es im Hinblick auf ihre eigene Zukunft oder die ihrer Kinder? Es sind überaus kultivierte Leute, berühmte Manager oder Wissenschaftler mit gewählten Ausdrucksformen und großer Medienkompetenz, geschliffene Rhetoriker, die sich in Diskussionen zurücknehmen und im Kampf vollkommen von sich absehen können. Welten liegen zwischen ihnen und den Anhängern Osama bin Ladens.

Doch wie sehr unterscheiden sich beide Gruppen wirklich voneinander? Und warum sägen auch erstere an dem Ast, auf dem sie sitzen?

Des Rätsels Lösung ist wieder einmal in dem »Globalisierung« genannten Prozeß zu finden. Die meisten Karrieren – sei es in der IT, der Mathematik, den Sozialwissenschaften oder im Bereich der Menschenrechte – orientieren sich an Standards, die Organisationen, berufliche Netzwerke und Institutionen in den Vereinigten Staaten festlegen und durchsetzen. Höchstwahrscheinlich wird der Erfolg einer x-beliebigen beruflichen Karriere – mit Ausnahme einer Beamtenlaufbahn vielleicht – in den ärmeren Teilen der Welt nach amerikanischen Maßstäben oder von Amerikanern gemessen.

Das wäre nicht so schlimm, wenn nicht die meisten armen Länder und Regionen ihre Städte zerstört, ihre Universitäten und Forschungseinrichtungen geschwächt, ernsthaftes Forschen und Lehren verhindert und viele Berufsfelder durch Repression oder Korruption zu Staatskolonien gemacht hätten. Für die dort lebenden wissenschaftlichen und wirtschaftlichen Eliten erzeugen die beengten und luftleeren Räume ihrer Berufswelt ein überwältigendes Verlangen nach freien Verhältnissen, das seinen Ursprung in den Vereinigten Staaten hat. Und so wandern sie dorthin aus (und gelegentlich auch an andere Orte der westlichen Welt), um dort Karriere zu machen, ihren Kindern ein Leben in Wohlstand zu bieten, sich professionell zu vernetzen. Wie die Taxifahrer aus der Dritten Welt behalten sie sich aber gleichzeitig vor, in Fragen der Kultur, der Politik oder selbst des *lifestyle* antiamerikanisch zu sein. Am Ende leben sie in Amerika – als nationalisierte Einwanderer und moralische Exilanten. Und auch wenn sie in ihren Heimatländern bleiben, behalten sie diese janusgesichtige Einstellung, die immer mehr Wasser auf die Mühlräder des Zivizids an den Vereinigten Staaten lenkt.

Träumer und haßerfüllte Feinde sind also leider nicht zwei verschiedene Gruppen, sondern oftmals identisch. Und wegen der weltbeherrschenden Stellung, die die Vereinigten Staaten seit 1945 (und besonders seit 1989) innehaben, stellt sich diese Ambivalenz ihnen gegenüber besonders dramatisch dar. Der Haß auf Amerika ist eng mit dem Wunsch verknüpft, ein Teil dieses Landes zu sein. Man muß nur eine Woche vor einem amerikanischen Konsulat gestanden haben, um ein Visum zu bekommen, hundert Formulare ausgefüllt haben, in einer Schlange herumgeschubst, von armseligen kleinen Beamten beleidigt, danach von einem müden Bürokraten ins Kreuzverhör genommen und schließlich abgelehnt worden sein, um das Haß-Gen in sich selbst zu entdecken. Mit schöner Regelmäßigkeit berichtet die amerikanische Presse über solche Probleme, die so drastisch vor Augen führen, wie dieser kleine Brutreaktor funktioniert.

Es gibt noch viele andere Menschen, die diese Ambivalenz kennen. NGO-Aktivisten, die bei der Weltbank um einige tausend Dollar betteln müssen; Ärzte, die die Prüfung der American Medical Association nicht bestanden haben und deshalb nicht in den USA praktizieren dürfen; Studenten, die nach ihrer Ausbildung wieder ausreisen müssen, weil ihr Arbeitgeber gewechselt hat oder verschwunden ist; Manager multinationaler Konzerne mit amerikanischer Führung, denen zu Hause plötzlich ein fünfzehn Jahre jüngerer Amerikaner (oder Europäer) vor die Nase gesetzt wird; Forscher, die jahrzehntelang darum kämpfen, einen einzigen Artikel in einer amerikanischen Zeitschrift zu veröffentlichen, und sich plötzlich zu eingeborenen Informanten amerikanischer Doktoranden degradiert sehen. Wer braucht Koranschulen, um Haß zu säen?

Für diese professionellen Eliten mit kosmopolitischen Einstellungen und Zielen sind Freiheit und Aufstiegschancen keine spezifisch amerikanischen Glaubensartikel oder Kulturikonen in dem Sinne, in dem Leute wie George W. Bush und seine Berater es unaufhörlich predigen. Freiheit und Chancen sind praktische Angelegenheiten, die eher mit dem bürgerlich-zivilen Leben als mit dem politischen System Amerikas assoziiert werden. Man könnte also sagen, es sei die amerikanische Gesellschaft und nicht der amerikanische Staat, was diese Außenseiter suchten. Ihnen geht es ganz konkret um ihre persönlichen Chancen, nicht um Chance als normatives Ideal. Hier erkennen wir das Mißverständnis oder besser die Kluft zwischen dem offiziellen bzw. einheimischen Patriotismus und dem pragmatischeren Wunsch vieler potentieller Einwanderer nach einem guten Leben. Und hier kann die konkrete Lust am Leben in den Vereinigten Staaten – oder der Wunsch, in die USA zu emigrieren – mit einer tiefen moralischen Verachtung des politischen Gemeinwesens und der amerikanischen Regierung als globalen Kräften zusammengehen.

Soziologisch gesprochen sind es im wesentlichen zwei Kräfte, die die Quellen und Kanäle des weltweiten Antiamerikanismus speisen. Die ambivalente Haltung globaler Eliten gegenüber amerikanischen Regularien, die ihr Leben und ihre Zukunft beeinflussen, während sie sie ein ums andere Mal ablehnen oder herabwürdigen, und der blindwütige Zorn jener Kohorten von Armen, die die Vereinigten Staaten durch das Kaleidoskop der Lehnsherrschaft, der moralischen Verderbtheit, der hautnahen Bombardierungen und ferngesteuerten Gewalt sowie der von Weltbank und IWF vermittelten ökonomischen Katastrophen hindurch betrachten. Der Islamismus fügt diesem explosiven Gemisch durch den erneut ausgerufenen Dschihad, diesmal gegen die – als Teufel auf Erden angesehenen – Vereinigten Staaten, noch eine besondere lokale Komponente hinzu. Andere Regionen steuern weitere Elemente bei – in Lateinamerika werden die USA weithin als verlängerter Arm der CIA und der großen multinationalen Konzerne wahrgenommen, in Japan hat man weder die Demütigungen des Zweiten Weltkriegs noch den Horror von Hiroshima und Nagasaki vergessen, in Indien bringen hinduistische Nationalisten die Vereinigten Staaten mit Schönheitswettbewerben, hemmungslosem Konsumverhalten und grenzenlosem Hedonismus in Verbindung, und in vielen Teilen Afrikas macht man die Vereinigten Staaten für eine Fortsetzung der Grausamkeiten des europäischen Kolonialismus verantwortlich. Man betrachtet sie als Welthegemon, der zu beschäftigt ist, um sich für Afrika zu interessieren. All diese Ressentiments verleihen jener Mischung aus Oberschichten-Ambivalenz und blindwütigem Zorn der armen Massen spezifisch regionale und historische Noten.

Wenden wir uns nun der Frage des Hasses aus der Ferne zu, der vielleicht ein Kennzeichen der zweiten Hälfte des 20. Jahrhunderts ist, vielleicht noch jüngeren Datums als die Empathie aus der Ferne, deren Geschichte Michael Ignatieff so eloquent schildert (2000). Ignatieff weist darauf hin, daß es sogar im christlichen Westen nicht selbstverständlich war, sich die Leiden der fernen Nächsten zu eigen zu machen, und daß die Fähigkeit zur Empathie aus der Ferne eine besondere Frucht der humanistisch-liberalen Einbildungskraft ist, die sich allem Leid im Namen einer gefühlten, universellen Menschheit entgegenstemmt. Doch was ist mit niederen Gefühlen wie Neid, Haß oder Furcht? Wie werden diese ohne direkten Kontakt, ohne unmittelbaren Ärger und ohne persönliche Erfahrungen plausibel? Wie werden sie abstrakt und ortsunabhängig?

Die jüngste Geschichte interner Ethnozide in Ländern wie Jugoslawien, Ruanda, Indonesien, Indien oder Kambodscha hilft uns hier nur zum Teil weiter, denn bei diesen schrecklichen Säuberungskampagnen spielte auch jene verzerrte Intimität eine Rolle, die Menschen dazu bringt, ihre Nachbarn zu töten, und die Vertraute zu Fremden oder Scheusalen werden läßt. Erst nachdem die Nationalsozialisten die deutschen Juden erfolgreich zu »gesellschaftlich Toten« gemacht hatten, waren sie in der Lage, die Judenvernichtung in anderen Teilen Europas und schließlich auch in Rußland zu organisieren.

Doch der heutige Haß bestimmter islamischer Denker, Bewegungen und Aktivisten auf Amerikaner und der Haß vieler Amerikaner auf islamische Völker (die pauschal als Araber, Muslime oder Terroristen wahrgenommen werden) ist ein abstrakterer Haß. Für manche, die selbst Bombardierungen, größter wirtschaftlicher Not, Krieg und dem Verlassenwerden ausgesetzt waren (so wie die afghanischen Mudschaheddin nach der Niederlage der Sowjetarmee in Afghanistan von den Amerikanern im Stich gelassen wurden), ist der Haß auf die Vereinigten Staaten tatsächlich mit einer persönlichen Leidensgeschichte verbunden. Doch bei vielen ist er lediglich ein Reflex auf Bilder und Botschaften, Medien und Propaganda. Film, Fernsehen und Internet verbreiten Bilder des Wohlstands, der Sittenlosigkeit und der globalen Macht Amerikas. Bei den lokalen Eliten, die die Vereinigten Staaten als Quelle des Bösen in der Welt sehen, fällt diese Propaganda auf fruchtbaren Boden. Was aber macht ihre Botschaften nachvollziehbar und diese Bilder überzeugend? Wie können sie den Haß so sehr anheizen, daß er sich in einem Zivizid entlädt?

Die Verwandlung von alltäglichem Ressentiment in einen generalisierten Haß auf ganze Länder, Bevölkerungen und Gesellschaften, mit denen man kaum in Kontakt kommt, zwingt uns, den moralischen Kern dieses Hasses zu verstehen. Die Rede vom Bösen ist in den radikaleren Diskursen der islamischen Welt weit verbreitet; sie hat die amerikanische Führung zum Gebrauch entsprechender Bilder – des Teufels, des Bösen und ähnlichem – veranlaßt, der die düstersten Prophezeiungen am Ende wahr werden ließ. Zwei Elemente braucht man, um jenen tödlichen Haß aus der Ferne zu gebären – eine manichäische Theodizee, die den moralischen Niedergang der Welt nach einfachsten Mustern erklärt, und eine Reihe von Bildern und Botschaften, die diese manichäische Theodizee lokal plausibel machen. Der Haß aus der Ferne erschafft sich ein Bild des durch und durch verdorbenen Bösen und verleiht ihm das Antlitz einer ganzen Gesellschaft, eines ganzen Volkes, einer ganzen Region. Dies ist der Treibstoff des Ideozids und seiner politischen Folge, des Zivizids.

Der Zivizid hat in der neuen, nach-westfälischen Welt Konjunktur. Natürlich ist das System der Nationalstaaten noch nicht vom Erdboden verschwunden: Manche Staaten steigen auf, andere geraten ins Hintertreffen, alle aber träumen sie von dauerhafter Stabilität. Doch die Anschläge des 11. September deuten darauf hin, daß die Welt der großen Politik, der Diplomatie, des Krieges, der Ressourcenströme, der treuen Gefolgschaft und der Mobilisierung von der politischen Karte der Nationalstaaten und der internationalen Abkommen und Ströme nur noch sehr bedingt abgebildet wird. Man könnte die westfälische Welt als real oder realistisch bezeichnen. Sie funktionierte auf der Grundlage von Gegenseitigkeit und Anerkennung. Nichtstaatliche Akteure waren hier lediglich als innenpolitische Irritationen vorgesehen, und falls sie doch einmal die Landesgrenzen passierten, so galten sie einfach als Verbrecher. In dieser Welt waren grenzüberschreitende Ströme mit anderen Worten entweder staatlich abgesegnet oder kriminell.

Die Welt des 21. Jahrhunderts aber sieht anders aus. Die vertebrale Welt internationaler Machtgleichgewichte, Militärabkommen, Wirtschaftsbündnisse und Institutionen der Zusammenarbeit besteht fort. Neben ihr aber existiert eine zellulare Welt, deren Elemente sich eher zufällig und durch Assoziation vermehren als durch Gesetzgebung oder strategische Planung. Auch sie ist ein Produkt der Globalisierung – der neuen Informationstechnologien, der nervösen Finanzmärkte, der rasanten Zirkulation von Nachrichten, Kapital und Flüchtlingen. Die entstehende zellulare Welt hat zwei Gesichter.

Mit ihrer düsteren Seite, die wir heute als Terrorismus bezeichnen, habe ich mich in diesem und den vorhergehenden Kapiteln eingehend beschäftigt. Hier bildeten und bilden so unterschiedliche Gruppierungen wie die IRA und die Roten Brigaden mit verwandten Gruppen im Nahen Osten oder in Asien eine gemeinsame Phalanx, die die Zentren des täglichen Lebens – Cafés, Sportereignisse, Finanzplätze, Züge, Bushaltestellen – mit Gewalt überzieht. Obwohl viele dieser zellularen Organisationen als Reaktion auf den Nationalstaat entstanden und somit auch von ihm abhängig sind, haben sie dennoch das Potential, den Nationalstaat an sich, und nicht nur den ein oder anderen Staat hier oder dort, in Bedrängnis zu bringen. Sie bedrohen das nationalstaatliche System in seinem Kern, weil sie sein absolutes Monopol über die Mittel zur massenhaften Vernichtung von Menschenleben untergraben. Weil sie sich außerhalb des bestehenden Rahmens der Souveränität, Territorialität und des nationalen Patriotismus bewegen, greifen sie die moralischen Grundfesten des Nationalstaates als globale Form und globales System an.

Hierin liegt der Grund für die wirkliche Panik, die aus den Erklärungen der zivilen und militärischen Führer in Washington und denen ihrer Alliierten spricht. Stellen wir uns einmal vor, wir würden gerade der Geburt eines neuen globalen Systems der Macht, der Politik, der Gewalt und ihrer Disseminationen beiwohnen, das sich vollständig außerhalb der Strukturen des internationalen Systems befände – keine individuellen terroristischen Netzwerke und Zellen, nicht einmal Schurkenstaaten oder Bündnisse von Schurkenstaaten, sondern ein ausgewachsenes, globales politisches Gemeinwesen der anderen Art, das unbeschränkt auf tödliche Technologien der Kommunikation, Planung und Zerstörung zugreifen kann. Und stellen wir uns vor, das Hauptziel eines solchen alternativen Weltsystems bestünde darin, die Mittel zur Gewaltanwendung unter seine Kontrolle zu bringen, die heute weitgehend vom System der Staaten kontrolliert werden.

Solche düsteren Szenarien legen nicht nur ein Ende der Zivilgesellschaft, sondern das Ende der Vorstellung von zivilem Leben an sich nahe. Die neue, zellular organisierte Politik aus der Ferne ist aber kein Monopol kapitalistischer Heuschrekken oder politischer Terroristen. Nach diesem Modell sind auch die interessantesten Fortschrittsbewegungen der globalen Gesellschaft organisiert, jene Bewegungen, die einen von Staat und Wirtschaft unabhängigen, dritten Zirkulationsraum schaffen wollen. Zum Abschluß möchte ich diese Bewegungen kurz vorstellen, von denen zusammengenommen so etwas wie eine »Graswurzelglobalisierung« ausgeht.

Graswurzelglobalisierung

Die freundlichere, ja utopische Seite der zellularen Globalisierung wird gelegentlich als internationale Zivilgesellschaft bezeichnet. Es handelt sich um jene Netzwerke politischer Aktivisten, die sich um Menschenrechte, Armut, Rechte der indigenen Bevölkerung, Katastrophenhilfe, ökologische Gerechtigkeit, Gleichstellung der Geschlechter und andere humanitäre Belange kümmern und transnationale nichtstaatliche Netzwerke und Interessengruppen bilden. Von Greenpeace bis Ärzte ohne Grenzen, von Narmada Bachao Andolan (einer indischen Bürgerorganisation gegen den Sardar-Sarovar-Staudamm) bis zu Public Eye on Davos reicht die Bandbreite solcher Bewegungen, deren Anzahl unaufhörlich zu wachsen scheint.

Sozialwissenschaftler haben unterdessen bemerkt, daß es zwischen zivilgesellschaftlichen Institutionen, transnationalen Organisationen und populären sozialen Bewegungen, die man bislang eher getrennt voneinander untersuchte, vielfache Überschneidungen gibt. Ganz grob kann man sie alle unter die Kategorie der transnationalen Nichtregierungsorganisationen (NGOs) subsumieren – eine recht allgemeine Kategorie, die Kirchen und gemeinnützige Organisationen ebenso umfaßt wie multilaterale Körperschaften oder wissenschaftliche Gesellschaften. Im engeren Sinne soll hier von dem die Rede sein, was Keck und Sikkink »transnationale Aktivisten-Netzwerke« (1997) genannt haben.

Solche Netzwerke sind heute praktisch überall dort präsent, wo es um Gleichstellung oder Wohlfahrt geht. Das reicht von Gesundheits- und Umweltfragen bis zu Fragen der Menschenrechte, des Wohnungsbaus, des sozialen Geschlechts und der Rechte indigener Bevölkerungen. Manche Netzwerke sind relativ begrenzte, regionale Phänomene, andere haben globale Bedeutung. An der Spitze stehen riesige, bekannte, finanzkräftige Netzwerke, die heute echte Mega-Organisationen sind. Am unteren Ende befinden sich lose strukturierte Netzwerke mit fließenden Grenzen. Sie sind klein, arbeiten geräuschlos, oftmals unbemerkt, aber ebenfalls grenzüberschreitend. Besonders Politikwissenschaftler, die neue Formen internationaler Verhandlungsführung, soziale Bewegungen im weiteren Sinne und den jenseits von

Markt und Staat gelegenen dritten Raum untersuchen, konzentrieren sich zunehmend auf solche Netzwerke.

Viele transnationale Aktivisten-Netzwerke mischen sich explizit in die großen Globalisierungsdebatten ein. Einige waren an den öffentlichkeitswirksamen Protesten, die im Laufe der vergangenen Jahre die Straßen von Seattle, Genua, Prag, Washington, Davos etc. zum Beben gebracht haben, an vorderster Front beteiligt. Die große Mehrheit dieser Bewegungen engagiert sich aber für weniger medienwirksame und konkretere Formen politischer Arbeit auf lokaler, nationaler oder globaler Ebene. Oft gelingt es ihnen, wichtige staatliche Weichenstellungen für globale politische Strategien hinauszuzögern, etwa indem sie mehr Transparenz fordern, Staaten unter Druck setzen oder den politischen Protest via Internet organisieren.

Doch eigentlich ist Protest für viele dieser Bewegungen ein unangemessener Begriff. Denn oftmals arbeiten sie in Partnerschaft mit multilateralen Institutionen, den Regierungen ihrer Heimatländer, global agierenden Geldgebern und anderen Kräften der lokalen und internationalen Zivilgesellschaft. Obwohl die Aktivisten-Netzwerke durch solche Partnerschaften signifikant an Einfluß gewonnen haben, haben sich die Sozialwissenschaften bislang wenig darum gekümmert.

Ich selbst führe eine Langzeitstudie zu Shack/Slum Dwellers International (SDI) durch, deren indische Gruppierung aus drei unterschiedlichen Aktivistengruppen hervorgegangen ist: der NGO Society for the Promotion of Area Resource Centres, Mahila Milan, der in Mumbai ansässigen Organisation armer Stadtbewohnerinnen, die sich vorwiegend mit kleinen Geldanlagen und Wohnungsfragen befaßt, sowie der National Slum Dwellers Federation, einer schon länger bestehenden, sehr bemerkenswerten Vereinigung männlicher Slumbewohner, die in mehr als 30 indischen Städten aktiv ist.

Diese ungewöhnliche Troika von Organisationen gibt es in der Form seit Mitte der achtziger Jahre in Indien; seit mehr als zehn Jahren ist sie eines der wichtigsten Mitglieder der in ungefähr 20 asiatischen und afrikanischen Ländern aktiven SDI, die auf unterschiedlichen Gebieten bereits große Erfolge zu verzeichnen hat: So hat sie bestimmte Methoden entwickelt, mit denen Volkssparbewegungen Geldgeber für die Zwischenfinanzierung von Armenprojekten gewinnen können, sie hat Kriterien erarbeitet, nach denen Slumbewohnern und Obdachlosen zu festem Wohn- und Landbesitz verholfen werden kann, und sie hat eine weltweite, von Ländern wie China angeführte Bewegung unterstützt, die die Versorgung mit sanitären Einrichtungen zu einem Hauptziel staatlicher Politik machen will. Auf diese Weise hat SDI armen Städtern neue Wege aufgezeigt, sich über Praktiken zu organisieren, die ich an anderer Stelle (Appadurai 2002) »Tiefendemokratie« (*deep democracy*) genannt habe. Und so konnte die Organisation auch von überkommenen Politikstilen Abstand nehmen – Agitation, dem Verteilen von Fördermitteln nach dem Gießkannenprinzip oder der Übernahme vormals staatlicher Aufgaben –, die viele NGOs bis heute praktizieren. Statt dessen hat sich SDI darauf verlegt, der armen Stadtbevölkerung durch Entwicklung bestimmter Fähigkeiten – Zielgerichtetheit, Erwerb von Sachkompetenz, Wissensvermittlung und Engagement – zu Formen urbaner Regierungsführung zu verhelfen. Dabei konnte die Organisation erfolgreich auf bestimmte Praktiken wie etwa das tägliche Sparen zurückgreifen, nicht etwa um einen unternehmerischen Habitus zu fördern, der alle urbanen Armen in Kleinkapitalisten verwandeln sollte, sondern um bestimmte Protokolle und Prinzipien der authentischen Selbstregierung einzuführen. Und tatsächlich haben die urbanen Armen, die durch die Vereinigung »föderiert« werden konnten (eine der wichtigsten politischen Losungen von SDI), in vielen Städten gewisse Züge einer urbanen Schattenregierung angenommen. Besonders in Mumbai konnten sie ihre eigenen glaubwürdigen Einrichtungen schaffen, die allen elementare Infrastruktur und ein Mindestmaß an rechtlicher und politischer Absicherung garantieren.

Eine solche Hilfe zur Selbsthilfe (die seit über einem Jahrzehnt auch auf dem Wege des transnationalen Austauschs zwischen solchen Föderationen geschieht) ist besonders deshalb interessant, weil sie unter anderem neue Partnerschaften mit kommunalen, einzel- und bundesstaatlichen Regierungen auslotet und fördert – so geschehen in Indien, Südafrika, Thailand und Kambodscha sowie in jüngerer Zeit etwa in Nepal, Simbabwe oder Kenia. Auch hat man Mittel und Wege gefunden, den Boden für Partnerschaften mit Institutionen der Vereinten Nationen zu bereiten, etwa mit dem Zentrum der Vereinten Nationen für menschliche Siedlungen (HABITAT) und sogar mit der Weltbank und anderen wichtigen staatlichen oder quasistaatlichen Entwicklungshilfeeinrichtungen in Europa, Afrika oder Asien.

Im Zuge dieser Entwicklung hat die Allianz bei der Armutsbekämpfung in vielen Städten bemerkenswerte Erfolge erzielt. Ihre globalen Verbindungen, Netzwerke, Austauschprogramme und Perspektiven haben wesentlich zur Unterstützung ihrer lokalen Vereinigungen beigetragen. Nicht nur hatte sie dadurch deutlich größere Reserven, um in vielen Städten etwa die Umsiedlung von Slumbewohnern, den Bau sanitärer Einrichtungen oder die Gründung von Kleinsparer-Wohnprojekten (*savings-based housing cooperatives*) für die arme Bevölkerung zu unterstützen. Es ist ihr auch gelungen, diese globalen Bemühungen so zu kanalisieren, daß die Ärmsten der Armen in die Lage versetzt wurden, unmittelbar auf die Politik ihres lokalen Umfelds Einfluß zu nehmen. Und erstaunlicherweise ist sie bislang noch nicht zu einem

Steigbügelhalter für staatliche Organisationen, multilaterale Geldgeber, politische Parteien oder andere einflußreiche Interessen verkommen. So sieht zellulare Demokratisierung aus!

SDI oder andere transnationale Wohnraumbewegungen sind natürlich kein einzigartiges Phänomen. Weltweit gibt es viele solche mehr oder weniger entwickelte zellulare Formationen. Diejenigen, die sich mit dramatischen globalen Angelegenheiten wie etwa großen Staudammprojekten auseinandersetzen, haben vielleicht einen größeren Bekanntheitsgrad als andere, die an vergleichsweise bescheidenen Themen wie etwa Wohnraum oder der Bildung kleiner Sparvermögen arbeiten. Für gewöhnlich aber sind all diese Stimmen und Akteure an der Gestaltung eines dritten Raums beteiligt, in dem Märkte und Staaten nicht nur gezwungen sind, ihre Bedeutung anzuerkennen, sondern ihnen auch bei globalen Entscheidungen zu wichtigen Problemen zunehmend echte politische Mitsprache zu gewähren.

Dies ist kein Märchen, und es ist auch noch nicht zu Ende. Es ist ein wichtiger Kampf – voller Risiken, Gefahren, Widersprüche, Enttäuschungen und Hindernisse. Die Ziele solcher Bewegungen sind in Form und Inhalt demokratisch. Und zunehmend konstruieren sie das Globale nicht mehr in der allgemeinen Sprache universeller Probleme, Rechte oder Normen, sondern indem sie ein Problem, ein Bündnis, einen Sieg nach dem anderen in Angriff nehmen. Die großen Fortschrittsbewegungen der letzten Jahrhunderte, insbesondere die das 19. und 20. Jahrhundert prägenden Arbeiterbewegungen, haben stets mit Hilfe der universalistischen Prinzipien der Solidarität, der Identität und des Interesses für bestimmte Ziele und gegen bestimmte Kontrahenten gekämpft, die sie wiederum mit universalistischen und allgemeinen Begriffen konzipierten. Die neuen transnationalen Bewegungen haben demgegenüber mehr Spielraum, um von kleineren gemeinsamen Interessen ausgehend Solidarität zu stiften. Und mögen sie aus strategischen Gründen auch an so »großformatige« Kategorien wie die »urbanen Armen« appellieren, so stiften sie Solidaritäten doch auf spontanere, induktivere und kontextsensitivere Weise. In diesem Sinne entwickeln sie eine neue Dynamik, die das Knüpfen globaler Netzwerke in den Dienst lokaler Erfindungen der Macht stellt.

Obwohl über Form, Funktion und Bedeutung dieser Bewegungen noch einiges zu sagen wäre, möchte ich nun auf die zentralen Themen dieses Essays zurückkommen. Ich habe solche transnationalen und transurbanen politischen Bewegungen herausgegriffen, weil auch sie in ihrer Transnationalität nach zellularem Prinzip funktionieren. Ihre Koordination erfolgt ohne eine starke Zentrale, sie reproduzieren sich ohne eine klar formulierte Mission, sie stehen zwar gelegentlich im Fokus einer breiteren Öffentlichkeit, arbeiten jedoch meist, ohne größeres Aufsehen zu erwecken, und im Interesse ihrer eigenen Ziele machen sie sich staatliche Ressourcen und die Kräfte des Marktes zunutze, wobei sie sich von Gleichheits- und Partizipationsidealen leiten lassen, die zu vielen Entwicklungs- oder Demokratiemodellen des 20. Jahrhunderts schlecht passen. Wir dürfen sie nicht aus den Augen verlieren, denn vielleicht wird die nächste Krise des Nationalstaates nicht von der apokalyptischen Zellförmigkeit des Terrors, sondern von der utopischen Zellförmigkeit dieser anderen neuen transnationalen Organisationsweisen ausgehen. Sie haben das Potential, der globalen Tendenz zu Ethnozid und Ideozid entgegenzuwirken. Hier müssen wir ansetzen, um eine Lösung – und sei sie noch so tastend, diffus und vorläufig – für das angespannte Verhältnis von Frieden und Gleichheit in unserer Welt zu finden. Wir müssen darauf setzen, daß diese utopische Zellförmigkeit der Schauplatz künftiger Kämpfe sein wird. Sonst können wir getrost Abschied nehmen von der Figur des Zivilisten wie der Zivilität insgesamt.

Bibliographie

Anderson, Benedict R. 1988, *Die Erfindung der Nation. Zur Karriere eines folgenreichen Konzepts*, übers. v. Benedikt Burkardt, Frankfurt am Main/New York: Campus.

Appadurai, Arjun 1996, *Modernity at Large: Cultural Dimensions of Globalization*, Minneapolis: University of Minnesota Press.

– 1998a, »Full attachment«, in: *Public Culture* 10/2, S. 443-449.

– 1998b, »Dead certainty: ethnic violence in the era of globalization«, in: *Public Culture* 10/2, S. 225-247.

– 2000a, »The grounds of the nation-state: identity, violence, and territory«, in: Goldmann, Kjell/Ulf Hannerz/Charles Westin (Hg.), *Nationalism and Internationalism in the Post-Cold War Era*, London: Routledge, S. 129-142.

– 2000b, »Spectral housing and urban cleansing: notes on millennial Mumbai«, in: *Public Culture* 12/3, S. 627-651.

– 2002, »Deep democracy: urban governmentality and the horizon of politics«, in: *Public Culture* 14/1, S. 21-47.

Arendt, Hannah 1955, *Elemente und Ursprünge totaler Herrschaft*, Frankfurt am Main: Europäische Verlagsanstalt.

– 1964, *Eichmann in Jerusalem. Ein Bericht von der Banalität des Bösen*, übers. v. Brigitte Granzow, München: Piper.

Axel, Brian Keith 2001, *The Nation's Tortured Body: Violence, Representation, and the Formation of a Sikh »Diaspora«*, Durham/London: Duke University Press.

Balibar, Etienne 1990, »The nation form: history and ideology«, in: *Fernand Braudel Center Review* 12/3, S. 329-361.

Basrur, Rajesh M. (Hg.) 2001, *Security in the New Millennium: Views from South Asia*, New Delhi: India Research Press.

Basu, Amrita 1994, »When local riots are not merely local: bringing the state back in, Bijnor 1988-92«, in: *Economic and Political Weekly*, S. 2605-2621.

Bell, Daniel 1961, *The End of Ideology: On the Exhaustion of Political Ideas in the Fifties*, New York: Collier Books.

Castells, Manuel 1996, *The Rise of the Network Society*, Cambridge: Blackwell.

Cooley, Charles Horton 1964, *Human Nature and Social Order*, Einleitung v. Philip Rieff, Vorwort v. Herbert Mead, New York: Schocken Books.

Das, Veena 1990, *Mirrors of Violence: Communities, Riots and Survivors in South Asia*, Delhi: Oxford University Press.

Devji, Faisal 2005, *Landscapes of the Jihad: Militancy, Morality and Modernity*, Ithaca: Cornell University Press.

Douglas, Mary 1985, *Reinheit und Gefährdung. Eine Studie zu Vorstellungen von Verunreinigung und Tabu*, übers. v. Brigitte Luchesi, Berlin: Reimer.

Friedman, Thomas L. 1999, »A manifesto for the fast world«, in: *New York Times* (29. März).

Fukuyama, Francis 1992, *Das Ende der Geschichte: Wo stehen wir?*, übers. v. Helmut Dierlamm, München: Kindler.

Girard, René 1987, *Das Heilige und die Gewalt*, übers. v. Elisabeth Mainberger-Ruh, Zürich: Benzinger.

Goldhagen, Daniel 1996, *Hitlers willige Vollstrecker. Ganz gewöhnliche Deutsche und der Holocaust*, übers. v. Klaus Kochmann, Berlin: Siedler.

Goldmann, Kjell/Ulf Hannerz/Charles Westin (Hg.) 2000, *Nationalism and Internationalism in the Post-Cold War Era*, London: Routledge.

Gourevitch, Philip 2008, *Wir möchten Ihnen mitteilen, daß wir morgen mit unseren Familien umgebracht werden. Berichte aus Ruanda*, übers. v. Meinhard Büning, Berlin: Berliner Taschenbuch-Verlag.

Hinton, Alexander Laban (Hg.) 2002, *Annihilating Difference: The Anthropology of Genocide*, Berkeley: University of California Press.

Huntington, Samuel 1996, *Der Kampf der Kulturen. Die Neugestaltung der Weltpolitik im 21. Jahrhundert*, übers. v. Holger Fliessbach, München/Wien: Europa-Verlag.

– 2004, »The hispanic challenge«, in: *Foreign Policy*, März/April, S. 30-25.

Ignatieff, Michael 2000, *Die Zivilisierung des Krieges. Ethnische Konflikte, Menschenrechte, Medien*, übers. v. Michael Benthack, Hamburg: Rotbuch-Verlag.

Jaffrelot, Christophe 2003, *India's Silent Revolution: The Rise of the Lower Castes in North India*, New York: Columbia University Press.

Jeganathan, Pradeep 1997, *After a Riot: Anthropological Locations of Violence in an Urban Sri Lankan Community*, Doktorarbeit am Fachbereich für Anthropologie, University of Chicago.

– 1998, »eelam.com: place, nation, and imagination in cyberspace«, in: *Public Culture* 10/3, S. 518-528.

Kaviraj, Sudipta 1992, »The imaginary institution of India«, in: *Subaltern Studies* 7, hg. v. Partha Chatterjee u. Gyanendra Pandey, Delhi: Oxford University Press.

Keck, Margaret E. / Kathryn Sikkink 1997, *Activists Beyond Borders: Advocacy Networks in International Politics*, Ithaka: Cornell University Press.

Mbembe, Achille 2003, »Necropolitics«, in: *Public Culture* 15/1, S. 11-40.

Merton, Robert King/David L. Sills (Hg.) 2001, *Social Science Quotations: Who Said What, When, and Where*, New Brunswick, N.J.: Transaction Publishers.

Ortega y Gasset, José 1947, *Der Aufstand der Massen*, übers. v. Helene Weyl, Stuttgart: Deutsche Verlagsanstalt.

Patterson, Orlando 1982, *Slavery and Social Death: A Comparative Study*, Cambridge, Mass.: Harvard University Press.

Scott, James C. 1998, *Seeing Like a State: How Certain Schemes to Improve the Human Condition Have Failed*, New Haven: Yale University Press.

Simmel, Georg (1908), »Exkurs über den Fremden«, in: *Werke*, Band 11: Soziologie. Untersuchungen über die Formen der Vergesellschaftung, Frankfurt am Main: Suhrkamp 1992, S. 764-771.

Uyangoda, Jayadeva 2001, » Security's insecurity: South Asia's states, societies and citizens in the age of globalisation«, in: Basrur, Rajesh M. (Hg.), *Security in the New Millennium: Views from South Asia*, New Delhi: India Research Press, S. 115-165.

Weber, Eugene 1976: *Peasants into Frenchmen: The Modernization of Rural France, 1880-1914*, Stanford: Stanford University Press.